JEAN-PIERRE BÉRENGER

HISTORIEN

PUBLICISTE ET ANCIEN SYNDIC DE GENÈVE

1737-1807

Ouvrage formant pour cette période

L'HISTOIRE POLITIQUE ET PHILOSOPHIQUE

DE LA RÉPUBLIQUE DE GENÈVE

PAR

Claudius FONTAINE-BORGEL

Secrétaire de la Section des Sciences morales et politiques, d'archéologie
et d'histoire de l'Institut National Genevois.

(Non sibi, sed omnibus.)

(Extrait du *Bulletin de l'Institut National Genevois.*)

GENÈVE

CHEZ L'AUTEUR

15, RUE CORNAVIN, 15

1885

JEAN-PIERRE BÉRENGER

HISTORIEN

ANCIEN SYNDIC DE LA RÉPUBLIQUE DE GENÈVE

1737-1807

HISTOIRE POLITIQUE ET PHILOSOPHIQUE DE GENÈVE

POUR CETTE PÉRIODE

PAR

Claudius FONTAINE-BORGEL

Secrétaire de la Section des Sciences morales et politiques, d'archéologie
et d'histoire de l'Institut National Genevois.

GENÈVE

IMPRIMERIE CENTRALE GENEVOISE, RUE DU RHONE, 52

1885

(*Extrait du* Bulletin de l'Institut National Genevois, t. XXVII.)

JEAN-PIERRE BÉRENGER

HISTORIEN

ANCIEN SYNDIC DE LA RÉPUBLIQUE DE GENÈVE

1737-1807

HISTOIRE POLITIQUE ET PHILOSOPHIQUE DE GENÈVE
POUR CETTE PÉRIODE

PAR

Claudius FONTAINE-BORGEL

Secrétaire de la Section des sciences morales et politiques, d'archéologie
et d'histoire de l'Institut National Genevois

Il est utile de connaître l'historien genevois dont nous nous proposons de compléter le remarquable et impartial ouvrage, publié à Genève en **1801,** et qui porte pour titre « *Précis historique des derniers temps de la République de Genève et de sa réunion à la France* ».

Cette étude biographique est d'autant plus nécessaire pour être pénétré de la valeur de Jean-Pierre Bérenger, non seulement comme littérateur, mais encore comme homme politique et comme philosophe.

La République genevoise comptait en lui un généreux patriote, et cependant ses magistrats, à l'esprit puritain, ont agi envers lui comme à l'égard du célèbre Jean-Jacques Rousseau : ils ont fait bâtonner, lacérer et brûler ses premiers écrits par l'exécuteur des hautes œuvres, — ils ont fait proscrire du sol natal, auquel il ne cessa de vouer une affection sans égale, ce citoyen digne, à tous égards, de la considération publique.

Nul ne saurait mettre en doute l'ardent patriotisme et surtout la moralité de l'historien Bérenger.

La plupart de ses ouvrages montrent qu'il n'était pas un écrivain, ni un penseur commun. Bien doué de la nature, il était parvenu par de persévérantes études à enrichir ses connaissances et à les consolider. Ses écrits présentent de véritables déductions géométriques; ils offrent un mélange du style si pur de Jean-Jacques Rousseau et des pénétrations de Pascal. Un auteur genevois, à l'occasion duquel nous aurons à revenir dans ce travail, Marc-Théodore *Bourrit*, que Bérenger accompagna dans plusieurs excursions, plaçait cet ami à côté de J.-J. Rousseau. (« *Description des Alpes pennines.* » T. II, p. 269.) Personne, disait-il, n'en a autant approché; souvent il en a le charme et l'énergie.

Ce n'était pas le feu de la dispute qui donnait au style de Bérenger la vivacité, l'animation, mais bien la force et la lumière de la vérité.

Ami de la vérité, il ne cessa même dans son exil d'écrire et de combattre pour son triomphe: sa pensée dominante fut constamment dirigée vers l'extension rationnelle et progressive des droits du peuple. Non seulement il rêva, mais il prépara avec les grands penseurs de son temps la réforme politique et philosophique de la Genève future.

Le mobile de cet écrivain en dotant le peuple genevois de son *Précis historique* était d'aider la postérité, déclarait-il, à juger de l'événement qu'il retrace, d'éclairer les Français sur les sentiments des Genevois, tout en conservant l'espoir qu'au milieu de tant d'années consommées pour la gloire, les rivalités, l'ambition, il y aurait enfin un instant pour la justice!

Comment exprimer l'amour de Bérenger pour la libre

Genève ? Ecoutons les accents du cœur de ce grand citoyen après la perte de l'indépendance genevoise en 1798, et nous, citoyens genevois rendus à la liberté, nous comprendrons mieux encore l'hommage que nous devons rendre à la mémoire du patriote Bérenger.

« A notre grosse cloche, ou à la Clémence

« Clémence, toi dont les sons harmonieux et nobles semblaient donner plus de vie à notre patrie et nous rappelaient à son amour ; toi, dont les sons furent souvent pour nous la voix de la liberté, faut-il que tu sois condamnée au silence par un peuple qui se dit libre et qui annonce vouloir rendre libre toutes les nations qui l'environnent.

« Tu assistas à la naissance de la République, tu fus placée près de son berceau, tu égayas son enfance. Genève renfermait alors de gras chanoines ; ils y vivaient dans l'opulence et entouraient un évêque souvent plongé dans le luxe et les plaisirs, quelquefois cependant père et modèle de son troupeau. Mais dans son enceinte vivaient aussi des hommes honnêtes et paisibles et chaque année, à tes coups lents et répétés, on les voyait sortir de leurs maisons simples et rustiques, se rassembler, élire et mettre à leur tête des hommes vénérables par leur âge, leurs cheveux blancs et leur vertus.

« Quand la main de la tyrannie s'appesantissait sur eux, que le sentiment de l'injustice faisait bouillonner leur sang, tu les réunissais ; leur indignation cessait d'être comprimée, elle devenait force et courage, et dans un élan généreux, ils brisaient les fers qu'on leur préparait : de sujets qu'ils allaient être, ils redevenaient des hommes libres, des citoyens.

« Un prince puissant conduisait autour de leurs murs ses bataillons nombreux : ils sentirent leur faiblesse et cherchèrent des secours. Genève vit près d'elle des Républiques ; c'étaient des Suisses ; elle y trouva des alliés fidèles qui ne devinrent pas les maîtres et qui la défendirent. Les intrigues et les promesses du prince leur firent espérer que Genève serait plus tranquille si elle renonçait à leur alliance, et ils vinrent

pour le leur persuader. Tu les rassemblas alors pour leur faire prononcer sous les yeux de ses alliés et des envoyés, ce décret noble et fier : « Que tout Genevois qui osera propo-
« ser de rompre cette Alliance par laquelle nous sommes
« libres encore, soit puni de mort. »

« Et l'alliance dura jusqu'à nos jours.

« Tu fus quelque temps l'esclave de la superstition. Tu appelais les Genevois à des cérémonies stériles qui n'offraient que le fantôme de la piété, qui inspiraient ni les sentiments du chrétien, ni les vertus de l'homme. Mais bientôt la raison fit renaître la religion, et tu les rassemblas alors dans les temples et sous les yeux de la patrie, qui voyait à la fois ses soutiens et son espérance honorer le Dieu qu'ils invoquaient par des actions utiles à leurs concitoyens avec lesquels ils vivaient en frères.

« Tu les appelas à sanctionner ces anciennes lois qui firent pendant plus d'un siècle le bonheur de la République, elles étaient simples et peu nombreuses ; elles ne reposaient que sur des principes qui ne sont que dans la bouche, qui ne sont que des moyens de séductions ; mais appuyées sur les mœurs et la religion, elles descendaient dans les cœurs et faisaient régner dans l'État l'ordre, la tranquillité, la paix, les vertus.

« Dans les combats, lorsque l'ennemi nous attaquait à face ouverte, tu nous appelas souvent à la défense de nos murs. Lorsque cachant sa marche dans les ombres de la nuit, il tenta de nous surprendre et que nous le forçâmes à la fuite, combien de fois les vibrations sonores se sont mêlées aux élans de la reconnaissance et aux élans de la joie.

« Tu nous rappelais ce jour heureux. A les premiers coups, les Genevois frémissaient de plaisir, ils sortaient de leurs maisons, se rencontraient, s'embrassaient et se rendaient ensemble dans les temples pour y remercier Dieu qui les avait sauvés. Ils allaient visiter les tombeaux de leurs pères morts pour la défense de leur patrie, les honoraient, apprenaient à imiter leur dévouement et leur courage ; et quand la nuit les faisait rentrer dans leurs maisons, ils célébraient encore ce jour par des festins de famille si intéressants et si doux pour un peuple qui a des mœurs.

« Combien de fois n'as-tu pas annoncé nos solennités aux Genevois ; ils se rendaient en foule dans nos temples ; ils se sentaient environnés, pressés de leurs enfants, de leurs pères, de leurs épouses, de leurs amis, de tout ce qu'ils avaient de

plus cher, ils étaient émus, de douces larmes coulaient de
leurs yeux. Un orateur les invitait à l'union, à l'amour de
ses frères, au pardon des injures, à toutes les vertus bienveil-
lantes qui lient les hommes entr'eux et nourrissent le calme
dans les sociétés. Et souvent pénétrés de ce qu'on venait d'entendre, croyant être sous les yeux de Dieu même, on a vu
des fils se jeter aux genoux de leurs pères, le père pardonner
à son fils, des amis, des époux se réconcilier, l'homme avide
et injuste se montrer désintéressé et généreux. Mais hélas !
la religion perd son empire, l'homme se corrompt, la vraie
sensibilité se perd, le cœur devient esprit et à force de raisonner, l'intérêt de la société se relâche et dans son sein le citoyen
est isolé.

« Tu ne fus jamais le signal de la sédition et de la révolte ;
tu ne te fis entendre qu'à la voix des chefs de l'Etat pour
appeler les citoyens au secours de la patrie ou pour demander
leur assentiment à des lois de conciliation et de paix. Tu
annonças quelquefois des orages passagers : ennemis d'une
heure, amis d'une année, des vapeurs malfaisantes égarèrent
quelques moments notre raison ; mais ces vapeurs ne sortaient
pas de notre sol, ne naissaient pas dans l'enceinte de nos
murs, — elles y étaient apportées.

« Il y avait quelques années qu'on y avait vu entrer des guerriers de cette nation pour nous donner des lois oppressives,
mais ce n'était que pour un temps. Le roi qui les envoyait
était désintéressé ; il était trompé ; il ne voulait que calmer
nos dissentions, que nous donner la paix et il les rappela quand
il crut nous l'avoir donnée. Aujourd'hui, les dissentions de
cette nation firent renaître les nôtres ; ce sont elles qui les
ont nourries et enflammées, et déjà au milieu de nous, ce feu
s'était éteint de lui-même. Ils sont revenus, ces guerriers : ce
n'est plus pour nous donner la paix, pour éloigner de nos fron-
tières le char sanglant de la guerre qui moissonne les champs
voisins ; c'est pour s'y fixer pour toujours.

« On nous donne aussi la liberté : on le dit ; mais que celle
d'un grand Etat ressemble peu à celle dont nous jouissions, à
celle dont nous pouvions jouir ! Là, elle est gênée et pesante ;
il faut un grand pouvoir pour faire marcher ensemble un
grand empire, et l'abus est toujours lié au pouvoir ; il faut
une multitude de mains pour conduire dans le cœur de l'Etat
le sang qu'elles tirent des veines qui se multiplient et s'éten-
dent au loin, et il s'en échappe par toutes ces mains ; il faut

des masses de bras armés pour le défendre et en comprimer les parties, et ses bras ne se meuvent pas sans froisser tout ce qui les environne.

« Ici, sa physionomie est plus riante et sa démarche plus légère. C'est une famille qui élit ses pères ; ce sont des chefs qui rendent compte à leurs enfants rassemblés; l'intérêt s'y fait peu entendre, l'honneur suffit pour le contenir et il n'y a point de dépradations. Non, cette liberté ne ressemble pas plus à celle de la grande République qu'elle ne ressemblait au gouvernement d'un monarque.

« Tais-toi, Clémence, garde un silence morne, la patrie n'est plus. — Il fut un jour où sa tête pencha de faiblesse, elle tomba sans éclat et sa chute ne fut entendue que des cœurs genevois. Elle n'est plus, tais-toi : l'air vibrant sous les coups ne ferait que nous rappeler des souvenirs cruels, que faire verser des larmes amères ! Couvre-toi d'un voile funèbre ; tu seras placée près de sa tombe, comme tu le fus de son berceau. Depuis quelques jours nos regards la cherchent en vain — elle n'est plus... Ah si elle pouvait renaître comme nos cœurs palpiteraient, comme nos âmes s'élanceraient au-devant d'elle ! Si nous voyions sa tête chérie se relever au milieu de nous et que tu te fis entendre, combien nos demeures nous paraîtraient plus riantes, nos campagnes plus belles ! Tout reprendrait à nos yeux un nouvel éclat, nos peines seraient adoucies, nos plaisirs plus vrais, notre repos plus paisible; la vieillesse serait moins pesante; les cendres mêmes de nos pères nous paraîtraient tressaillir de joie et nous pourrions descendre et les rejoindre dans le grand lit de la mort sans éprouver ni la honte, ni le désespoir. »

. . . .

Après ces douloureux accents et ce chaleureux cri d'espérance de l'historien Bérenger, qui oserait lui faire un crime d'avoir voulu inspirer quelques regrets sur la chûte honorable de la République genevoise? Ainsi qu'il l'espérait, nul ne lui reprochera d'avoir débarrassé sa tombe du feuillage trompeur dont on l'avait couverte, d'y avoir jeté quelques fleurs et quelques larmes.

N'est-ce pas le cas de répéter ici avec un homme distingué,

devenu Genevois (1), que ces grands découragements qui, au jour des cataclysmes sociaux, envahissaient l'âme des sages font place maintenant à une religieuse conviction dans le triomphe désormais inéluctable de la vérité, de la justice et du bien. C'est ce que confirmera le travail que nous allons entreprendre sur la personnalité de notre concitoyen Jean-Pierre Bérenger.

C. FONTAINE-BORGEL.

(1) *Fragments d'une introduction à l'étude de la philosophie de l'histoire* par M. le professeur DAMETH. *Bulletin de l'Institut National Genevois*, Genève 1864, t. XI.

Jean-Pierre Bérenger (*Beranger*, *Berenger*) naquit à Genève, le 26 mars 1737, de Isaac-Zacharie Bérenger et de Louise Engelheim. Nos registres d'état civil portent par erreur *Angelin*. Elle était originaire de Tullins, en Dauphiné. (Il reçut le baptême au Temple-Neuf, de Spectable Perron, l'aîné, le 31 mars, présenté par Pierre *Javel*, habitant). Son père, né *par hasard* à Coppet, fils de Jacques, de simple manœuvre devenu négociant, était originaire de Movandre, en Dauphiné, admis à Genève comme habitant, le 17 juillet 1733. L'origine dauphinoise des Bérenger est attestée dans d'autres réceptions à l'habitation :

Jean, fils de Jean Bérenger, de Saint-Vincent en Dauphiné, ouvrier en laines, du 18 mai 1733.

Jean-David Bérenger, de Pontet en Dauphiné, domestique, du 7 novembre 1760.

Durand-Bérenger, fils de Durand, du Plan-de-Bay, diocèse de Die, en Dauphiné, du 27 juillet 1764.

Dans les *bourgeois* du nom de Bérenger, se trouve Pierre, fils de feu Moïse, maître tondeur, de Saint-Vincent en Dauphiné, habitant avec ses fils Pierre et Alexandre, reçu le 15 juin 1726, pour 5,000 florins, deux assortiments et 40 écus à la Bibliothèque.

Une recherche approfondie sur les origines des ancêtres de Bérenger le ferait descendre d'une souche des plus distinguées. Il suffit pour cela de rappeler Laurent-Pierre Bérenger, littérateur, né à Riez (1749-1822); le comte Jean Bérenger, homme politique, né près Grenoble (1767-1845) et qui eut pour fils Alphonse-Marie-Marcellin-Thomas, dit Bérenger de la Drôme, né à Valence en 1785.

Bérenger avait une sœur qui vivait en Dauphiné et à laquelle il confia tous ses titres de famille en vue de se faire restituer le bien provenant de sa mère qu'il évaluait à 30,000 livres, mais des avocats qu'il consulta lui ayant montré le succès du procès comme fort incertain et les frais très grands, il écrivit à cette sœur d'abandonner son projet, ce qu'elle fit (1).

En ce qui concerne Genève, la famille de Bérenger a des affinités avec celles des Bellot, Bonnet, Bourrit, Chastel, Cherbuliez, Comblefort, Dechoudens, Deveyras, Dominicé, Guillet, Marcel, Panny, Pillet, Porte, Rampont, Rilliet, Richter, Soret, Siegrist, Toulouse, etc...

*
* *

Les parents de J.-P. Bérenger n'étant pas favorisés de la fortune le destinèrent à une profession mécanique. Mais là n'était point sa vocation : l'amour de l'étude, son attachement pour les sciences et particulièrement pour l'histoire opérèrent en lui une surprenante transformation. Contemporain du philosophe Jean-Jacques Rousseau, Bérenger partagea ses hautes aspirations ; aussi, dans les divisions qui ébranlèrent l'aristocratique cité genevoise, le voit-on prendre non seulement le parti de Rousseau, mais encore s'occuper des besoins du peuple et en embrasser vigoureusement la cause.

Ainsi, en 1763, Bérenger, âgé de vingt-six ans, exprime son inaltérable attachement aux idées politiques et philosophiques de Jean-Jacques Rousseau. Ce sentiment devint en quelque sorte le prélude de cette pensée qu'il manifesta publiquement en 1775, en publiant, sous le couvert de Londres, sa brochure, *Rousseau justifié envers sa patrie*.

(1) *Lettre à M. Favre*, docteur en droit, à Rolle, du 30 mai 1776. (Archives de la bibliothèque de la ville de Rolle.)

Les penseurs, citoyens et bourgeois de Genève, représentant aussi les partisans de leurs idées dans les habitants et sujets, ne craignirent pas de manifester nettement le mécontentement que leur inspiraient les décisions de l'autorité supérieure à l'endroit des publicistes qui avaient le courage de prendre fait et cause en faveur de leur opinion ; ils considéraient ces décisions de l'autorité comme autant d'atteintes aux lois de la République et à la liberté des citoyens.

C'était dans un langage plein de hardiesse et de franchise qu'ils protestaient contre les outrages portés à la souveraineté politique et philosophique du peuple.

La condamnation officielle de l'*Emile* et du *Contrat social* de Jean-Jacques Rousseau leur suscita ces généreuses paroles dans la *Représentation* qu'ils adressèrent au Conseil de Genève le 20 juin 1763 :

« Les faits dont les citoyens et bourgeois se plaignent con-
« cernent, il est vrai, de simples particuliers ; mais la liberté
« publique est une chaîne qui doit son existence et sa force à
« l'union des anneaux qui la composent : c'est un corps formé
« de libertés particulières ; un seul anneau ne peut être détruit
« sans que la chaîne perde de sa force, une seule partie du
« corps ne peut souffrir sans que tout le corps y participe.
« C'est par cette raison que les griefs d'un seul membre de
« l'Etat, quand ils ne sont pas réparés, deviennent ceux du
« public, et c'est sur ces principes impérissables du lien de
« l'Etat que les citoyens et bourgeois réclament. »

Deux ans s'écoulent ; les idées font leur chemin et la situation du Conseil de Genève devient si critique, que le 30 novembre 1765, il décide, sans attendre de nouveaux événements propres à amoindrir son autorité, de requérir les bons offices et la garantie des puissances médiatrices, garantes des précédents édits.

Le *peuple* genevois d'alors ne comprenait officiellement que ceux qui avaient le droit d'élire, c'est-à-dire les citoyens et bourgeois. — Ceux qui ne partageaient pas les idées du gouvernement entendaient que ce droit et d'autres prérogatives, fussent étendus aux autres catégories dénommées habitants, natifs, sujets ou étrangers.

Ce désir d'extension des droits populaires donna lieu à la publication de nombreuses brochures attaquant tour à tour les autorités civiles et religieuses.

Aussi les principales de ces publications étaient-elles condamnées à être supprimées, lacérées et brûlées par l'exécuteur de la haute justice, devant l'Hôtel de Ville.

Citons parmi les plus importantes :

Lettre d'un solitaire, brochure de quinze pages, lacérée et brûlée le **10** avril **1765**.

Dialogue au village.

Réponse de l'auteur de la Gazette d'Amsterdam à la lettre qui lui fut adressée le **13** mars **1765**, brochure de sept pages, lacérée et brûlée le **4** mai **1765**.

Douze brochures faites à dessein de tourner en ridicule la religion, les miracles de Jésus-Christ, l'Evangile et ses ministres, lacérées et brûlées le **28** septembre **1765**.

La Vérité, ode à M. de Voltaire, suivie d'une *Dissertation historique et critique sur le Gouvernement de Genève et ses révolutions*, avec cette devise: « *Veritas unquam extat.* » *Sen.* Londres, **1765**, **145** pages, lacérée et brûlée le **15** novembre **1765**.

Lettre d'un citoyen à Jean-Jacques Rousseau.

Lettres et Remarques d'un étranger sur la déclaration donnée par le Conseil le **12** *février* **1760**.

Avis aux citoyens et bourgeois, lacérée et brûlée le **26** novembre **1765**.

En 1766, trois écrits attirent spécialement l'attention du Conseil. Le premier est un « *Mémoire sur les droits dont les habitants ont joui avant la Réformation* »; le second, un *Mémoire instructif et raisonné sur l'état à donner aux natifs de Genève*, attribué à Bérenger; le troisième, le *Dictionnaire des négatifs*.

Le mémoire, rédigé par Bérenger, remis aux Seigneurs Syndics par les citoyens *Pouzait et Gros*, avait été discuté dans plusieurs assemblées de natifs.

Les membres du Conseil commencèrent par désapprouver ces assemblées faites pour concerter le mémoire de Bérenger, quoique les délégués des natifs leur donnèrent l'assurance qu'ils étaient pleins de soumission et de respect pour le Conseil et qu'ils ne s'écarteraient jamais de ces sentiments.

Ce que les natifs réclamaient, c'était surtout plus de liberté au point de vue de leur établissement et de leurs rapports commerciaux, l'admission à la bourgeoisie, ou leur part à la législation et le droit de faire partie du souverain. Après examen du mémoire, le 15 août 1766, le Conseil considéra comme criminelle et séditieuse leur proposition d'examen des preuves qu'ils pouvaient avoir des droits dont ils ne jouissent plus et de rendre un arrêt qui les anéantisse ou les consacre.

Le Conseil refusa de faire parvenir directement leurs desiderata au Gouvernement, vu qu'il ne pouvait les considérer « *comme un ordre de l'Etat ni comme un ordre dans l'Etat* ». Il se borna à transmettre leur mémoire aux Ministres plénipotentiaires.

Mais les Seigneurs plénipotentiaires estimèrent qu'il leur paraissait convenable que les Petit et Grand Conseil fissent éprouver aux natifs des effets de leur bonté, *en tant qu'ils ne seraient pas contraires aux lois.* Quant au droit à la bourgeoisie et au pouvoir législatif, ces Seigneurs déclaraient avoir senti le peu de fondement de telle demande et le danger qu'il y aurait à les accorder. Ils conclurent d'anéantir toutes les prétentions et demandes contenues dans le mémoire, excepté celles qui regardent le commerce et l'exercice des métiers et professions. La Haute Médiation promit en outre d'intervenir, s'il y avait lieu.

Le Conseil, fort de cet appui, rejeta, en séance du 6 septembre 1766, les demandes formulées en faveur des natifs par le mémoire de Bérenger.

Ces derniers ne perdirent point courage. Ils adressèrent au Conseil un nouveau mémoire dont il prit connaissance dans sa séance du 22 septembre 1766 et qu'ils transmirent immédiatement aux Seigneurs plénipotentiaires, avec prière de ne confirmer que les privilèges accordés aux natifs en 1738 et d'anéantir à jamais toutes les prétentions ultérieures qu'ils ont élevées ou pourraient élever.

C'est ce qui eut lieu. Cependant, les Seigneurs plénipotentiaires insinuèrent au Conseil d'adoucir le refus qu'on fera de toutes les demandes des natifs relatives à leur état politique par une déclaration leur faisant connaître que le Conseil était et continuerait d'être animé d'un esprit de bonté pour eux, lorsque des personnes de leur ordre lui demanderaient d'être admises à la bourgeoisie (1).

Telle fut la réponse transmise par les Syndics aux délégués des natifs le mercredi 3 décembre 1766.

Cette décision jeta la consternation au sein des natifs ; un grand nombre craignant d'être mis sous surveillance ou poursuivis vinrent faire acte de soumission dès les premiers jours de 1767.

(1) Séance du Conseil, 5 novembre 1766.

Le *Mémoire instructif concernant les natifs* (in-8°, 28 pages),
devint le sujet de violentes attaques. Imprimé après quelques
changements et répandu dans le public, Bérenger y soutenait
avoir prouvé que la stabilité de la Constitution demandait que
les natifs y entrassent comme partie nécessaire et qu'une
inégalité absolue et consacrée par la loi pourrait enfin détruire
la liberté publique. Il faisait ressortir la nécessité d'une assimilation de la population considérée comme absolument étrangère et, combattant les idées rétrogrades du Conseil, il enga-
geait les citoyens à voir s'ils veulent du maintien d'un vain
pouvoir à ce prix, si, leur disait-il, votre orgueil satisfait, ou
plutôt nourri par des distinctions, peut compenser les avantages que vous abandonneriez, si votre amour pour la patrie
se manifeste mieux en formant des esclaves dans son sein pour
les commander qu'en voulant la rendre heureuse, la conserver
florissante, et si vous ne serez vraiment grands, plus tranquilles en voyant vos parents, vos amis, vos frères dans ceux
que la nation fit vos égaux et à qui Dieu donna la même
patrie à servir, les mêmes lois à respecter.

Bérenger avait touché au point sensible; les Citoyens Représentants le comprirent si bien que, par leurs mémoires au
Conseil des 19 mai et 16 octobre 1767, ils mirent en demeure
ce corps d'avoir à se justifier du reproche d'être l'auteur des
malheurs de la République par le fait qu'il avait invoqué
l'intervention des puissances garantes et rejeté toute conciliation. Ils s'exprimèrent en ces termes: « Pourriez-vous soutenir
« longtemps le spectacle de votre autorité établie sur les
« ruines de nos lois, à la face de patrie, à la face de l'Europe
« entière qui serait enfin éclairée par la force irrésistible de
« vos seuls aveux dont cette pièce est le dépôt. Ces aveux
« convaincront toute l'Europe que s'il est vrai que vous sou-
« haitiez de priver le Conseil général des droits que ces lois

« lui assurent, vous aspirez à le priver du bien que vous savez
« lui appartenir. »

Le Conseil ainsi mis en demeure publia l'*Exposé de sa
conduite* sous la signature du secrétaire d'Etat Jean-Jacques
de Chapeaurouge.

Bérenger s'était constitué correspondant des plus importants
organes de publicité à l'étranger. La *Gazette de Londres*,
entr'autres, publia plusieurs de ses lettres, écrites de Genève
aux amis genevois qu'il comptait alors sur le sol britannique.
Les numéros de ce journal du 25 au 27 décembre 1766 nous
fournissent un *article extraordinaire,* ainsi le désigne le Conseil
de Genève, eu égard à son *caractère satirique* appliqué aux
événements :

« On apprend que les citoyens ont rejeté le projet de média-
« tion incompatible avec notre liberté, que les citoyens rassem-
« blés ont annulé le Petit et Grand Conseil, qu'ils l'ont rem-
« placé par un *Grand Conseil défenseur de la foi religieuse
« orthodoxe,* lequel, après avoir donné sur le gouverne-
« ment les statuts les plus salutaires, et les plus justes, et les
« plus politiques, a résolu d'empêcher qu'un voisin ambitieux
« qui pourrait être jaloux de notre liberté, *tant spirituelle que
« temporelle,* de tenter à l'avenir de se mêler de nos affaires,
« d'établir de telles forces sur notre lac qu'elles nous assurent
« une constante supériorité, et pour mieux réussir dans ce
« dessein, notre *Conseil sublime* a déterminé de prendre à
« double paie deux mille étrangers tant officiers que gens de
« mer et constructeurs et d'élever des forts à la distance de
« trente mille l'un de l'autre. »

Bérenger se couvrait de ces deux mots : *Le Genevois*

Dans l'une de ses lettres, il avait ajouté en post-scriptum :
« Les Anglais sont un peuple libre ; c'est pourquoi ils doivent
« s'intéresser à la cause de la liberté ; ils sont aussi protes-

« tants et par la même raison feront du moins des vœux pour
« le bonheur d'un Etat protestant, car l'esclavage et le papisme
« sont inséparables. » (1).

* * *

Le rejet du projet de conciliation dont la France voulait
forcer l'acceptation aux Genevois suscita à Bérenger de violentes expressions à l'égard des magistrats de son pays:
« Dieu seul sait, écrivait-il, quelles seront les conséquences
« de cet événement. Cependant nous avons bon courage et
« nous espérons que l'union qui a subsisté entre nous et les
« citoyens Représentants pourra nous mettre en état de conser-
« ver nos chères libertés, nonobstant tous les attentats faits
« contre elle par nos perfides magistrats et leur protecteur
« avoué le Ministre français ».

Les magistrats genevois tinrent à punir l'audace de Bérenger en déférant le 31 juillet 1767 au Seigneur Procureur
général son *Mémoire instructif concernant les natifs.* Sur le
rapport des syndics André *Gallatin* et Léonard *Buisson*, le
Conseil fit mander Bérenger et deux autres natifs, Bourrit et
Auzières, pour avoir des renseignements sur le mémoire
écrit par Bérenger qu'on appelait le *Mémoire de l'avocat.* Le
7 août 1767, sur les conclusions du Procureur général *Rigot*, le
Conseil condamna le mémoire à être lacéré et brûlé par l'exécuteur de la haute justice devant la porte de l'Hôtel de Ville,
comme un libelle téméraire et séditieux, tendant à plonger
l'Etat dans le trouble en renversant la Constitution de la
République.

(1) *London Evening Post*, Archives d'Etat de Genève, 1766 et 1767
portefeuille IV, pièce n° 37.

Dans le cours de l'année 1767, Bérenger écrivit plusieurs lettres sur les affaires de Genève, une *Nouvelle relation concernant l'état actuel de Genève, contenant ce qui s'est passé de plus remarquable jusqu'à présent*, imprimée à Lyon. *Le natif, Lettres de Théodore et d'Annette*, in-octavo, de 63 pages qui fut réimprimée en 1768. Le Conseil, dans sa séance du 19 octobre 1767, condamna cette publication à être lacérée et brûlée par l'exécuteur de la haute justice, comme étant un libelle téméraire, séditieux, contenant des faits faux tendant à usurper les droits des citoyens et bourgeois, à plonger l'Etat dans le trouble et à renverser la Constitution de la République.

Un certain nombre d'autres publications furent condamnées à la suppression ou à être lacérées et brûlées par l'exécuteur.

Le 8 août 1767, c'est la *Lettre à un ami*, traduite de l'anglais, datée de Londres, 20 juin, signée Levis *Gordon* (in-12, 29 pages), libelle téméraire, dit le registre du Conseil, tendant à entretenir et augmenter le trouble dans l'Etat, injurieux et calomnieux et outrageant envers le Conseil, offensant les Hautes Puissances garantes de la manière la plus audacieuse et la plus criminelle.

Le 7 septembre 1767, c'est la brochure intitulée : « *Collection des pièces intéressantes présentées à la Haute Méditation et au Magnifique Conseil en 1766*, par les citoyens de Genève connus sous le nom de natifs ; puis la *Défense apologétique du sieur comte de Portes* ; le 20 novembre suivant, une *Lettre aux citoyens et bourgeois*, corrigée et augmentée.

Une brochure imprimée à Annecy, intitulée *Apologie du refus du plan de conciliation proposé par les Seigneurs plénipotentiaires*, donna lieu à informations dès le 18 août 1767.

Le Conseil de Genève se montra si peu disposé en faveur des natifs que, dans sa séance du 20 décembre 1767, il décida *de ne rien insérer les concernant dans le projet de conciliation,* s'en tenant, comme on le voit, à sa décision du 6 septembre 1766.

Du refus de Bérenger à ne pas assister en 1768 Jean Bacle dans les prisons et de l'accompagner à l'audience, il ne faudrait pas inférer un refroidissement de l'enthousiasme de Bérenger pour la cause des natifs. Bacle n'était, ainsi que Bérenger le déclare au Conseil, ni son parent, ni son ami, ni même de sa connaissance. (*Registre du Conseil*, 3 mai 1768.)

. Jean Bacle, horloger, auteur de plusieurs brochures politiques, avait émis, comme natif, la prétention qu'il pouvait jouir des droits civils et commerciaux attribués aux citoyens. Il fut emprisonné comme inculpé d'avoir voulu usurper la qualité de citoyen et d'avoir soutenu cette prétention avec persévérance par des principes faux et destructifs de la Constitution. Après son jugement, rendu le 13 mai 1768, Bacle, banni pour dix ans de la ville et des terres de la République, se retira au Grand-Saconnex et de là à Versoix où il coopéra à la publication de plusieurs mémoires en faveur des natifs. (Voir *Ecrits condamnés en 1770.*)

Bérenger fut indigné de cette proscription. Dès l'année suivante, le Conseil eut à s'occuper de sa personne, à l'occasion d'une brochure imprimée sous le titre de *Lettre de Bérenger*.

Le temps ou l'usage, comme le rappelait justement Bérenger dans un mémoire postérieur, interdisait aux natifs les professions estimées et honorables, ou parce qu'elles étaient moins pénibles et plus lucratives, ou parce qu'elles demandaient des connaissances que peut-être on ne les jugeait pas capables d'acquérir. L'édit de 1738 leur en ouvrit l'entrée, mais en devenant maîtres ils étaient astreints à payer une imposition. Des vues étroites sur le commerce ou des rivalités firent ordonner que les natifs payeraient cette imposition en devenant apprentis, sans doute afin d'écarter de ces professions une partie d'entre eux. Ce changement à la loi de garantie, joint à d'autres sujets de plaintes, avait déjà produit l'agitation de 1767 et la présentation de mémoires au Magnifique Conseil.

La nouvelle *Lettre de Bérenger* était spécialement dirigée contre l'ordonnance édictée par le Conseil le 15 juillet 1769. Les magnifiques et très honorés Seigneurs, Syndics et Conseil, interdisaient aux particuliers, colporteurs et autres étrangers de porter par la ville et dans les maisons des marchandises à vendre au préjudice des citoyens et bourgeois. Le Conseil ne permettait la vente des marchandises colportées que par l'entremise de courtiers établis à ce sujet. L'ordonnance contenait défenses très expresses à tous natifs et habitants qui n'avaient pas obtenu le privilège de citoyenneté, de négocier, de retirer, emmagasiner, vendre, échanger ou donner en paiement aucunes marchandises, de quelque nature qu'elles soient, à peine d'amende et de confiscation. Et pour prévenir tous abus, il était défendu à tous marchands et négociants de faire porter dans les maisons des particuliers leurs marchandises par toutes autres personnes que leurs commis ou domestiques.

La lettre de Bérenger du 10 août 1769, *Protestation contre toute entrave à la liberté de défense des intérêts des natifs*, était adressée à M. Jean-André de Luc, célèbre physicien, de Genève, chaud partisan des représentants, qui l'année suivante devint membre du Conseil des Deux-Cents.

« Je ne chercherai pas, lui témoignait Bérenger, à jus-« tifier les motifs qui m'engagent à vous écrire. C'est au « politique, à l'homme de bien, au patriote que je m'adresse « et cela seul prouve que mes intentions sont pures. » Puis, après un exposé d'un style aussi noble que précis, il termine sa lettre par cette délicate déclaration: « Je viens de vous

« exposer les plaintes des natifs, je puis les avoir mal saisies ;
« ils se trompent peut-être et je puis me tromper. Si je suis
« injuste, ne les accusez point ; excusez-moi ; je n'eus pas
« l'intention de l'être ; instruisez-moi, je crois le mériter.
« Vous m'estimiez, je m'en flattais du moins, je m'en flatte
« encore, et si je consulte mon cœur, les vœux qu'il m'inspire,
« les projets qu'il me fait former, j'ose croire que je mériterai
« toujours l'estime des gens de bien et par conséquent la vôtre. »

Le 28 août 1769, le Conseil chargea l'un des Seigneurs
Auditeurs de se rendre chez le libraire Jacobi pour saisir les
exemplaires imprimés de cette lettre ; cette recherche n'ayant
pas abouti, le Conseil décida de mander les sieurs Bérenger et
de Luc.

Au moment de la convocation du Conseil, Bérenger se trouvait absent, étant parti le dimanche précédent pour les pro-
vinces méridionales de la France. De Luc ayant comparu
témoigna qu'il avait bien reçu la lettre en manuscrit, qu'il
l'avait désapprouvée et en avait dit son sentiment au sieur
Bérenger, en lui reprochant qu'elle eût été imprimée. Bérenger
lui en parut fâché et lui dit qu'il n'avait eu aucune part à son
impression ; qu'il l'avait communiquée à un ami ; qu'au surplus
Bérenger lui parut disposé à la rétracter. — Sur cette déclaration, le Conseil arrêta que Bérenger serait appelé aussitôt
de retour de son voyage.

En séance du 16 octobre 1769, MM. les syndics *Saladin* et
Dunant informent « que Bérenger leur avait avoué être l'au-
« teur de la lettre incriminée ; qu'il ne l'avait composée et
« adressée au sieur de Luc que dans la vue de s'éclairer
« sur les plaintes des natifs et pour le prier de dissiper
« ses doutes. Que le sieur de Luc les lui leva en effet,
« de manière que d'abord il fut disposé à écrire une
« seconde lettre pour rétracter celle adressée, mais qu'on

« lui fit faire là-dessus des réflexions qui l'en empêchèrent ;
« qu'au surplus il n'avait eu aucune part à l'impression
« de cette lettre, qu'il ne sait qui l'a fait imprimer ; qu'un
« jour on vint la lui demander de la part du sieur Bel-
« lamy, qu'il eut la complaisance de la donner sans autres
« informations ; que plus tard sieur Bellamy à qui il réclama
« cette pièce dit qu'il ne l'avait point vue, ce qui lui fit présu-
« mer qu'on l'a surpris, et qu'on a abusé de sa confiance
« pour faire imprimer à son insu. Sur quoi opiné, l'avis a été
« que M. le Premier mande de nouveau le dit Bérenger pour
« lui remontrer ses torts et les conséquences de son impru-
« dence, lui faisant défense de rien écrire à l'avenir qui
« puisse émouvoir les esprits et apporter du trouble dans la
« République.»

Cette interdiction eut pour effet de raviver chez Bérenger
ses sympathies pour la question des natifs.

Une inégalité profonde séparait les citoyens, les bourgeois
et les natifs. Ces derniers, — *fils d'étrangers, admis à l'habitation, nés dans la ville,* — étaient, comme leurs pères, privés
de tout droit politique (1). « Ils ne pouvaient se livrer à au-
« cun commerce, être admis à aucune profession libérale,
« parvenir à aucun droit militaire, gagner les premiers prix
« dans les tirs. Pour eux, les droits des halles, ceux de lods
« ou mutation de fonds étaient bien plus élevés que pour les
« bourgeois. Ils payaient une finance à l'hôpital en se mariant;
« ils payaient un droit d'apprentissage ; ils payaient patente
« pour s'établir, etc., leurs biens-fonds en Savoie ne partici-
« paient pas aux privilèges des traités; ils n'avaient pas le
« droit d'adresser des représentations.

« L'acte de médiation en les admettant à toutes les maîtri-

(1) *Histoire de Genève* par JULLIEN.

« ses, c'est-à-dire à pouvoir exercer toute industrie pour leur
« compte, et non comme simples ouvriers, avait beaucoup
« amélioré leur sort. Dès lors, leur nombre, de même que celui
« des habitants et des étrangers ou simples domiciliés, s'était
« considérablement accru ; il dépassait celui des citoyens et
« bourgeois. »

C'est à l'admission des natifs aux maîtrises que l'avocat
F. d'Yvernois attribue la prospérité étonnante de l'industrie
horlogère à Genève ; il vit dans cette admission une preuve
que les privilèges exclusifs tuent l'émulation et que le succès
suit toujours la liberté.

Nul n'a plus vigoureusement fait ressortir l'ostracisme qui
frappait les natifs genevois que cet historien, dans son
*Tableau soit Histoire impartiale des révolutions de Genève dans
le dix-huitième siècle* : « L'amour de l'égalité, si naturel à
« l'homme devint en eux une espèce de fureur et ce sentiment
« qui remplissait leurs cœurs s'extravasait par les menaces
« les plus propres à leur fermer celui des citoyens. Le temps
« s'approche enfin, s'écriaient les principaux d'entre eux, où
« nous cesserons *d'être les ilotes de ces citoyens ingrats qui
« n'aiment la liberté que pour eux :* S'ils ne nous mettent pas
« bientôt à leur niveau, si ces murs doivent renfermer plus
« longtemps *un peuple souverain et un peuple sujet,* nous
« déserterons une patrie qui ne sait nous attacher à
« elle par aucun lien et nous irons porter dans l'asyle (1)
« que nous offre un grand roi une industrie qui ne
« sera plus étouffée par des entraves aussi multipliées
« qu'avilissantes. »

Les natifs s'unirent plus étroitement pour réclamer l'égalité
civile et commerciale et la bourgeoisie pour un certain nom-

_____

(1) Allusion à Ferney-Voltaire et à Versoix (Choiseul-la-Ville).

bre, chaque année. Tel était le plan de Bérenger, mais les natifs exigeaient davantage et les citoyens voulaient donner moins. Ce que redoutaient les opposés des natifs, c'était leur accès aux charges publiques. Ils se trouvaient donc dans cette alternative: ou de combattre leur admission comme citoyens ou de les réduire par la force.

Il est à croire, selon *d'Yvernois,* « qu'on serait venu à « adopter de sages tempéraments si les natifs avaient possédé « dans leur corps quelques hommes capables d'en régler les « démarches, mais Bérenger, le plus éclairé d'entre eux et le « seul qui eut les talents propres à défendre leur cause, n'obtint jamais le crédit nécessaire pour la diriger. Il avait consenti à la défendre, non par la conviction que toutes leurs « demandes étaient fondées, ni peut-être qu'aucune d'elles le « fût sur des titres existants, mais par le sentiment profond « qu'elles l'étaient sur l'esprit des gouvernements républicains. « Une généreuse pitié le fit céder à leurs pressantes sollicitations. Fait pour les études méditatives du cabinet et non pour « les affaires, philosophe sensible et ami du peuple, mais timide « à l'excès et dépourvu de l'extérieur nécessaire pour lui en « imposer, on juge combien il était peu propre à maîtriser les « mouvements d'une multitude échauffée. »

$$*\ *\ *$$

Le bannissement de Jean Bacle servit de prétexte aux natifs pour la publication d'une justification que le Conseil refusa de recevoir tout en repoussant les desiderata exprimés.

La situation si critique ne fit qu'empirer. Le 22 novembre 1769, le Conseil, sur les conclusions du Procureur général, ordonne de lacérer et brûler devant la porte de l'Hôtel de Ville par l'exécuteur de la haute justice un *libelle* en sept couplets

annotés, « comme tendant à plonger l'Etat dans le trouble en
« renversant la Constitution de la République et dont l'auteur
« par une insigne calomnie représente un tribunal respectable
« comme rendant des jugements avec partialité. »

Ce libelle imprimé, répandu à profusion dans la ville,
n'était autre que la *Chanson nouvelle*, composée sur l'air
« *Pour passer doucement la vie* » et que l'on chanta dans toutes
les réunions des natifs. Cette curieuse pièce révélait les griefs
des natifs dans ses sept couplets portant chacun en regard une
annotation, il est bon d'en connaître la teneur :

> Pauvres natifs peuples d'esclaves
> Qu'on veut bien souffrir en ces murs,
> Sans chercher à faire les braves,
> Rampez dans votre état obscur.

Les soi-disant natifs seront libres lorsqu'ils connaîtront leur force : le
prix de la liberté, celle que des lois sages leur ont assignée, dont on n'a pu
les priver sans faire l'acte le plus injuste.

> A l'amusement de la pêche
> Vous osez vous livrer parfois,
> Sachez si l'on vous en empêche
> Qu'il n'est fait que pour les bourgeois.

Les lois fondamentales, les traités et les ordonnances jusqu'en 1668
n'ont supposé qu'un peuple dans l'Etat ; il était réservé au magistrat de
1707 de décomposer le peuple pour le subjuguer.

> R*** assez vous le déclare
> Par ses arrêts, ses jugemens,
> Cet homme d'un mérite rare
> Juge très équitablement.

R*** réfléchit un peu tard pour ceux qui sont appelés devant son tribunal : Le jugement prononcé il faut le subir. Il vaut mieux que des hommes sans crédit (tels que sont les natifs et habitants) souffrent et se taisent que supposer que l'homme de la loi puisse se tromper.

> Avec justice il emprisonne
> De natifs trop hardis pêcheurs,
> Et la même peine il ordonne
> Pour le simple spectateur.

Un juge qui court après les honneurs, qui sert sa patrie, moins par goût que par les avantages qu'il y trouve ; un tel homme la servira mal si le poste dont il est revêtu ne lui est donné que par la plus petite portion du peuple, l'autre doit s'attendre à être sacrifiée : pour qu'il règne plus d'impartialité dans les jugements qu'il rend. La première question que vous fait ce magistrat intègre, *qu'êtes-vous ?* Natifs ou habitants vous n'êtes point écoutés : on envoye en prison celui qui a commis le délit et celui que le hasard en a rendu témoin. Les mêmes fautes commises en différens temps par différentes personnes doivent subir les mêmes peines ; mais condamner un de ces hommes solidaires pour des personnes qu'il ne connait pas, et avec qui il n'a pas commis le délit dont il est accusé, c'est le comble de l'injustice.

> Un bourgeois qui de compagnie
> Avec eux pêchait librement,
> Par égard pour sa bourgeoisie
> N'a point subi de jugement

Les magistrats tiennent leur autorité des bourgeois ; pour se conserver l'entrée aux charges, ils sont forcés de consulter la loi et d'être justes.

> C'est un des moindres avantages
> Du Grabeau dans différens cas,
> Il faut ménager les suffrages
> De ceux qui sont les magistrats

Pour obliger ceux qui gouvernent à remplir leur devoir envers tous, il faut abolir ces distinctions déshonorantes pour l'Etat et pour les hommes qui le composent ; il faut appeler tout le peuple à sanctionner les lois, à créer ses magistrats, alors et seulement alors la justice et l'équité reparaîtront dans notre patrie.

> Mais à quoi bon de se contraindre
> A rendre justice aux natifs,
> Sans pouvoir seraient-ils à craindre,
> Ce n'est qu'un peuple de captifs

Un peuple qui cherche à s'éclairer n'est pas à mépriser ; le moment où il doit rompre ses fers n'est pas loin. Heureuse ma patrie, si les hommes qui la gouvernent avancent son bonheur.

C'est au milieu de ces conflits grandissants que Bérenger écrivit l'éloge du savant et vertueux Fir.nin *Abauzit* (1) dont une partie des œuvres fut imprimée à Genève en 1770 chez Cl. Philibert et Barth. *Chirol*. Dans ses travaux de critique et de théologie, le Conseil genevois fit retrancher toutes les pièces dans lesquelles l'auteur exprimait des tendances sociniennes. Ces regrettables retranchements trouvèrent néanmoins place dans les éditions qui parurent en Angleterre et en Hollande. La mort d'Abauzit affecta vivement son ami Bérenger. Aussi, à la nouvelle de la publication de ses œuvres, obtint-il la faveur de les faire précéder d'un éloge historique. Il méritait, dit Bérenger, « d'être célébré par une meilleure plume ; mais le cœur et la vérité parleront et ce sera avec la simplicité qu'il aimait et qui faisait un des principaux traits de son caractère : un éloge pompeux, oratoire, trop recherché, y serait mal assorti. »

C'est par ces paroles empreintes du plus profond respect

(1) *Abauzit*, F., né à Uzès (Languedoc) le 11 novembre 1679, organisateur de la ***Bibliothèque de Genève***, fut admis gratuitement à la bourgeoisie en 1727. Il mourut le 20 mars 1767.

que Bérenger commença son éloge : « Les hommes qui se
« distinguent par un génie rare, par de grandes lumières et
« surtout par leurs vertus, et tel était Abauzit, — ont un
« droit bien légitime à la considération publique. Ils en jouis-
« sent pendant leur vie, après leur mort, on conserve chère-
« ment leur souvenir, on honore leur mémoire, on les cite
« avec éloge, on chérit tout ce qui peut être un monument de
« ce qu'ils ont été. — Leur portrait en particulier retrace
« leur idée : on aime à le considérer ; on s'imagine en voyant
« leurs traits de les voir encore eux-mêmes ; illusion douce
« que l'âme se plaît à entretenir. Mais le vrai portrait des
« gens de lettres se trouve proprement dans leurs ouvrages ;
« c'est là qu'on voit leur esprit, leur âme, leur cœur, et n'est-
« ce pas ce qui fait l'homme. »

Au témoignage respectueux de Bérenger, J.-J. Rousseau
joignit le sien dans une note de sa *Nouvelle Héloïse*.

*
* *

Bérenger, l'un des principaux natifs, devint des plus suspects
au Conseil genevois. Il avait eu la prudence de se retirer à
Thônex en vue de conserver sa liberté d'action. Le 15 février 1770, le Conseil, saisissant cette bonne occasion, commit
un des Seigneurs-Auditeurs pour se transporter à son domicile
et y procéder à la saisie de ses papiers. Cette visite faite par
les (1) seigneurs auditeurs *Bandol* et *de Tournes* ne produisit
aucun résultat. Bérenger habitait en ce moment la rue Ver-
daine. Les Auditeurs lui ordonnèrent de ne pas absenter son

(1) Dans son ensemble et plus spécialement dans la personne de ses chefs,
le gouvernement genevois était qualifié de **Seigneurie**, soit parce qu'il avait
succédé à un prince souverain, soit comme seigneur féodal direct du territoire rural de la République. ***D'un siècle à l'autre***, par J.-B.-G, *Galiffe*.

appartement jusqu'à nouvel ordre. On perquisitionna chez
Georges Auzière, Edouard Luya et autres natifs, l'imprimerie.
Grasset, etc.

Les documents trouvés chez Auzière (1), entre autres, le
mémoire du 30 janvier 1767 dans lequel l'appui du duc de
Choiseul était sollicité en vue de faire réussir à Versoix le
transport des fabriques d'horlogerie et d'orfèverie suffisaient
pour redoubler l'exaspération des membres du Conseil à l'égard.
des Natifs. Cette découverte et les mesures prises en vue de
déjouer le projet amenèrent un mouvement dans les journées.
du mercredi 13 et jeudi 14 février qui coûta la vie aux natifs
Chevallier, Ollivier et *Cholet.*

Cinq des principaux meneurs furent mis en lieu sûr ; on
n'osa pas même les conduire dans les prisons, tant on redou-
dait une émeute. Pour prévenir de nouveaux troubles, le
Conseil, réuni le 19 février 1770, rédigea un projet d'arrêté de.
proscription contre divers natifs dans le nombre desquels ne.
figurait pas le nom de J.-P. Bérenger.

(1) Voir ma *Notice sur Versoix-la-Ville dite la Nouvelle-Choiseul*,.
Versoix-la-Raison, Versoix-le-Bourg, 1700 à 1846. *Bulletin de l'Institut National Genevois,* t. XXI, page 95 à 97.

Le dossier qui renferme les pièces saisies chez Auzière et principaux
natifs contient entre autres des lettres-mémoires adressées à M. Vieusseux,.
marchand-drapier, aux rues Basses ; *Réponse à une lettre anonyme
circulaire adressée aux natifs de Genève le 7 janvier 1767,* du 1ᵉʳ Août
1767, et comme brochures imprimées : « *Les droits, libertés et franchises
accordés à la République et à l'Eglise de Genève, reconnus appartenir aux citoyens et mis à couvert contre toute proscription, 1768.* »
— « *Réflexions politiques sur la marche de nos idées,* Yverdun, 1769,
de l'imprimerie du professeur de Félice. » — « *Lettre d'un cosmopolite
à un citoyen de Genève représentant,* datée de Genève 4 février 1768. »
— « *Les natifs à M. César J. ou Conclusion des Lettres de Théodore
et d'Annette.*

Ce projet d'arrêté, soumis à la sanction du Conseil des
Deux-Cents était précédé de ce préambule :

« Messeigneurs avaient espéré que l'édit de 1768 en termi-
« nant nos dissentions mettrait fin aux malheurs de la Répu-
« blique. Ils avaient lieu d'attendre que tous les natifs seraient
« également touchés des avantages que cet édit leur avait
« procurés, et que flattés de l'accès qu'il leur ouvrait à la
« bourgeoisie, ils s'empresseraient à mériter cet honneur par
« leur attachement à l'Etat et à la Constitution.

« C'est avec une douleur extrême que Messeigneurs ont vu
« quelques-uns des dits natifs s'éloigner de ces dispositions,
« et oublier leurs engagements et leur fidélité à l'Etat, pour
« satisfaire une ambition aussi insensée que criminelle.
« Affectant de méconnaître l'état que la loi leur assigne, ils
« ont imaginé que les natifs de la ville sont du nombre de
« ceux que nos édits appellent citoyens; système aussi chimé-
« rique qu'absurde et qui serait le renversement total de notre
« Constitution.

« C'est pour parvenir à ce but criminel qu'ayant formé entre
« eux une association, ils ont travaillé par toutes sortes de
« voyes à grossir leur parti ; qu'ils ont tenté de corrompre la
« fidélité des habitants de la ville et de la banlieue; qu'ils ont
« établi des assemblées soit cercles pour y traiter de leurs
« prétendus intérêts politiques ; que pour échauffer les esprits
« ils ont répandu des écrits séditieux, remplis de faits faux
« et d'insinuations calomnieuses; et qu'enfin ils ont porté
« l'audace au point de s'attrouper en grand nombre près de
« la Maison de Ville, tandis que le Conseil siégeait pour juger
« un homme de leur parti, d'y tenir des propos menaçans,
« de paraître déterminés à s'opposer au cours de la justice,
« de désobéir à l'ordre qui leur fut donné de se retirer, de
« reconduire avec un triomphe insolent le coupable qui venait

« d'éprouver la clémence du Conseil (1) ; de s'attrouper le
« lendemain d'une manière plus criminelle encore, en faisant
« des dispositions offensives, et en annonçant par leurs
« discours et par leurs démarches dès desseins de violence
« qui exposaient la patrie aux plus grands dangers. »

A la suite de ce préambule, suivait l'arrêt d'exil susmen-
tionné, puis un projet d'édit accepté par le Conseil des Deux-
Cents. Mais aux noms des proscriptions proposées, et à la date
du 20 février 1770, le Conseil des Deux-Cents jugea prudent
d'en ajouter de nouveaux dans lesquels Bérenger fut compris.
L'édit commença par accorder quelques concessions aux natifs,
espérant par ce moyen calmer l'irritation. Ces concessions
consistaient à maintenir inviolablement les natifs, c'est-à-dire
ceux qui étaient nés dans la ville d'un père natif ou qui
auraient été reçu habitants, dans les droits et privilèges qui
leur avaient été accordés par les édits de 1738 et de 1768 et
par l'article 6 du nouvel édit, ainsi que dans ceux dont ils
jouissaient en vertu de divers règlements, comme aussi dans le
bénéfice des lettres d'habitation accordées à leurs pères, dans
lesquelles la clause *sous le bon plaisir de la Seigneurie* sera
censée annulée ; et il était arrêté que pour l'avenir cette clause
ne serait plus insérée dans les lettres d'habitation.

L'article 6 dispensait les natifs du paiement du droit auquel
ils étaient soumis envers l'Hôpital à l'occasion de leur mariage ;
ils étaient astreints au payement du droit des halles au même
titre que les citoyens et bourgeois ; ils furent admis dans les
exercices militaires à remporter les premiers prix de tous les
tirages ; ils conservaient le droit d'admissibilité aux Jurandes
déjà accordé par l'édit de 1768, etc. Comme on le voit, il y

(1) *Resseguaire*, Guillaume, réduit aux prisons pour discours séditieux
et pour avoir chanté au café de Bel-Air une chanson politique.

avait réellement une amélioration nécessaire à apporter à la situation intolérable faite aux natifs.

Les nommés George Auzière, monteur de boîtes; *Jean-Pierre Bérenger*, Jean-Pierre Mottu, dit la Jonquille, monteur de boîtes; Edouard Luya, horloger; David-François Pouzait, tapissier; Louis-Philippe Pouzait, horloger; Pierre Rival, horloger, et Guillaume-Henri Valentin, horloger, furent condamnés à se retirer incontinent de la ville et du territoire, avec défense d'y rentrer sous peine de mort, attendu, relate l'édit, « qu'il est de notoriété publique qu'ils ont eu la princi-« pale part aux menées et machinations pernicieuses qui se « sont faites. » — Il était de plus interdit sous de grièves peines, à toute personne, d'avoir avec les condamnés aucune correspondance pour affaire d'Etat.

En sanctionnant cet édit par 1182 suffrages contre 99, le Conseil général crut qu'il contribuait à un acte de clémence.

Dans sa séance du 20 février, le Conseil délibéra sur l'exécution de l'édit. Il fut arrêté que d'abord après la tenue du Conseil général les Seigneurs Auditeurs signifieront aux condamnés l'ordre porté en l'édit et qu'incontinent, ils les conduiront hors de la ville jusqu'au Râteau de l'Avancée, avec une escorte, afin d'empêcher qu'il leur soit fait aucun mal.

Le procès-verbal, déposé le 22 février 1770, rapporte l'exécution de cette mesure prise de suite après la sanction de l'édit en Conseil général.

Bérenger, de tous les natifs, le plus intéressant et dont la modération mieux connue n'aurait mérité que des récompenses, venait de subir une détention de six jours à la porte de Rive au moment de la signification de l'arrêt. Cette signification ordonnée par Noble Rigot, seigneur syndic de la garde, fut prononcée par l'auditeur Chandol, accompagné de l'huissier Machar, d'un caporal et de six soldats de la garnison. Bérenger

demanda à sortir par la porte de Rive, déclarant vouloir se
retirer à Chêne sur Savoie. Cet ami de la liberté, rappelle
d'Yvernois, sembla ne s'occuper que de la blessure qu'elle
venait de recevoir dans une sentence prononcée sans entendre
les accusés: « *Ce décret est bien dur et bien injuste* », dit
l'exilé à quelques concitoyens qui l'accompagnaient en pleurant.
Il ajouta à cette plainte les vœux de Camille: « *Puisse mon
« exil donner la paix à Genève! Puissent ses habitants être
« encore heureux! Puissent-ils ne pas être appelés à gémir un
« jour sur cet acte d'injustice et d'illusion.* »

Le procureur-général Jean Robert **Tronchin**, qui avait déjà
manifesté son opinion dans sa brochure: « *Lettres écrites de la
campagne, 1765* », protesta contre cette injuste condamnation,
contre cet outrage à la liberté où le souverain trompé substi-
tuait sa volonté aux formes judiciaires et se montrait tout à la
fois , comme l'exprime *D'Yvernois*, législateur , juge et
partie.

On n'appliqua pas aux exilés la peine infligée aux bannis.
On faisait ordinairement *fustiger* par les *chasse-gueux,* au bas
de l'escalier, ou à la Cour de discipline, les personnes condamnées à l'infamie, à une prison de six mois ou au bannissement
d'un an ou à quelque autre peine plus grave. Le 31 décembre
1776, le Conseil résolut que nul ne passerait par la fustigation
que par un jugement du Conseil rendu sur le vu des conclusions du Procureur général.

Le Conseil ouvrit une enquête sur les événements survenus
dans les journées des 13 et 14 février. Il résulte des dépositions de l'auditeur *Perdriau*, de Spectable *Chauvet*, natif,
ministre du Saint-Evangile, que Bérenger qui se trouvait à la
rue du Boule au moment de l'arrivée de l'auditeur Calendrini
fit tous ses efforts pour calmer les soixante personnes armées
sorties des maisons voisines et qu'il releva les fusils de ceux

qui voulaient en jouer. Il est vrai que Bérenger portait l'épée
au côté, droit qui n'appartenait alors qu'aux citoyens.

Comme nous l'avons dit, Bérenger avait pris résidence provisoire à Chêne-Thônex. C'est de ce lieu que, le 12 mars 1770,
il écrivit au premier syndic *Cramer*. Cette lettre est un document d'une haute importance; elle forme un récit fidèle des
événements, et, d'autre part, elle est une justification de la
conduite personnelle et politique de Bérenger.

« Monsieur,

« Je voulais garder le silence, je ne le puis; la plainte serait
« elle un crime dans la bouche de celui qui se sent innocent et
« se voit opprimé? Nul devoir ne m'ordonne de me taire, il
« en est qui m'obligent à parler: je n'ai plus de patrie, il ne me
« reste que mon honneur à défendre; c'est là mon premier
« devoir, c'est le seul intérêt que je consulte. Vous n'êtes plus
« mon magistrat, mais vous serez toujours pour moi un
« homme respectable; c'est dans votre sein que je vais épan-
« cher mes plaintes, c'est à vous qui préparâtes l'arrêté qui
« m'a proscrit à qui je veux en demander les raisons.
« Le jour que vous ordonnâtes de prendre les armes, j'étais
« bien éloigné de prévoir les malheurs qui me menaçaient.
« Affligé du triomphe indécent que les natifs s'étaient permis
« le jour précédent, j'attendais qu'ils réparassent leur faute
« en l'avouant, j'avais fait le discours qu'ils devaient présenter
« et sans avoir partagé leur joie, je partageais leur repentir.
« Tout à coup on m'annonce qu'on doit se saisir de ceux qui
« portaient ce discours, qu'on doit les emprisonner; je ne puis
« le croire, j'attends encore: je vois des apprêts militaires,
« le nombre des soldats de garde s'accroître, les capitaines,
« les majors de la garnison s'assembler, je vois des mouve-
« ments extraordinaires parmi les citoyens; tout me parais-
« sait l'effet d'une vaine terreur qui va se dissiper: bientôt
« la foule effrayée se disperse, j'entends le cri ordinaire lors-
« que le feu a pris quelque part, le tocsin sonne, je me retire
« inquiet sur ce qui a fait naître cette alarme et sur ce qui
« peut la suivre. Chacun court à ses armes, je vais prendre
« la seule que j'aie jamais eu, mon épée, je descends, j'arrive

« au moment où des compatriotes allaient verser le sang les
« uns des autres, j'ai le bonheur d'arrêter leurs coups: à
« quelque distance du lieu où nous étions, des coups de fusil
« se font entendre, les natifs croient voir leurs amis massacrés
« expirer en leur demandant vengeance, ils veulent avancer,
« je fais ce que je puis pour les arrêter encore. Tranquille
« sur mon sort, j'essaye de calmer leurs alarmes, je vais
'« m'informer si leurs craintes sont fondées, je suis arrêté. On
« veut que je demeure à la place de Rive, j'y demeure; une
« heure après on me dit qu'il faut me retirer chez moi;
« la nuit vient, j'entends du bruit sur l'escalier, je sors, je
« vois deux Auditeurs; je soupçonne que c'est chez moi qu'ils
« cherchent. Je me nomme, on me demande mes papiers, je
« les déploye tous, je n'en eus jamais que je dus craindre
« de montrer, je ne fis jamais d'écrits dont j'aie à rougir de
« me dire l'auteur. On ne trouve rien, on m'avertit que je ne
« dois pas sortir de la maison, je n'en sors point. Le lende-
« main j'entends des hommes armés sur la montée, je les
« attends, ils cherchent des armes et n'en trouvent aucune,
« ils m'entourent et m'ordonnent de les suivre, je vais avec
« eux: on m'enferme dans un corps de garde, on ordonne de
« me garder à vue, de ne me laisser parler à personne. Un
« ami trouve cependant le moyen de me faire parvenir une
« lettre. On le sait, on vient me fouiller, on la trouve, elle
« est dans vos mains, elle n'a rien qui ne fasse honneur à
« celui qui l'a écrite et à celui qui l'a reçue; j'ose le dire,
« tel eût été le caractère de toutes celles que m'auraient écrit
« mes amis. Je demande en vain quel est mon crime, je sup-
« plie qu'on vienne m'interroger, on est sourd à mes prières.
« Enfin, après six jours de détention on vient me lire un
« ordre du Conseil général de sortir des terres de la Répu-
« blique et de n'y pas rentrer sous peine de mort; je demande
« quelques heures de délai, il faut sortir à l'instant: Cela est
« bien dur, dis-je alors, et bien injuste; je le répète encore.
« Quels sont les faits qui peuvent justifier une procédure
« aussi extraordinaire, aussi tyrannique même appliquée à un
« étranger? Daignez, Monsieur, me les apprendre, vous le
« devez à votre honneur, à celui de l'Etat dont vous êtes le
« chef: je ne puis vous citer devant ces tribunaux de justice
« établis par les lois particulières des sociétés politiques, mais
« je vous cite à celui des gens de bien, formé par les lois
« immuables de la nature, le magistrat et le sujet obscur sont

« soumis à ses décrets ; il venge le faible opprimé par le
« tendre intérêt qu'il prend à son sort et par l'opprobre qu'il
« attache au triomphe de l'homme puissant et injuste. C'est
« devant ce tribunal équitable que vous devez justifier ma
« condamnation, c'est à lui que je vais exposer mes sentiments,
« puisque si je suis criminel je ne crois pouvoir l'être que par
« eux.

« Il fut un temps où des systèmes opposés, des craintes
« réelles ou chimériques divisèrent les citoyens ; les uns
« étaient pour les autres des tyrans ou des séditieux. Né dans
« le sein d'un des partis, imbu dès mon enfance de ses prin-
« cipes, la réflexion vint en affaiblir quelques-uns et confirmer
« les autres. Attaché aux Citoyens Représentants par l'amitié,
« par mes principes, par mes préjugés peut-être, je pensais
« comme eux et sans me laisser entraîner à un fanatisme qui
« n'est pas dans mon caractère, sans m'abandonner aux con-
« seils de la haine que mon cœur repoussa toujours, je m'affli-
« geais sur leurs fautes et je partageais leurs succès comme
« leurs revers. Les natifs élevèrent des plaintes, elles par-
« vinrent jusqu'à moi, je les trouvai fondées, je joignis ma
« voix à la leur ; mais cette nouvelle cause n'affaiblit point
« l'intérêt que je prenais à celle des citoyens, ne me fit point
« rejeter mes premiers sentiments. Je déclarai aux natifs, ils
« déclarèrent eux-mêmes qu'ils ne voulaient chercher leur
« bonheur que dans celui de la patrie et que leur intérêt par-
« ticulier serait toujours subordonné à l'intérêt général. Lors-
« que les passions et de fatales conjectures eurent séparé une
« partie d'entre eux des citoyens, que des craintes peut-être
« imaginaires m'eurent fait croire la liberté politique ébran-
« lée et l'indépendance de l'Etat en danger, j'abandonnai leur
« cause et la mienne, sans cesser de les plaindre, de m'inté-
« resser à eux, je me joignis à ceux qu'ils croyaient leurs
« adversaires et qui le sont en effet devenus. Je ne demandai
« jamais quel parti triomphera ? quel est celui dont je dois le
« plus attendre ? mais je consultai ma raison, plus souvent
« mon cœur et je me déterminai par eux.

« Enfin l'édit du 13 mars 1768 termina nos dissentions ; ce
« jour fut pour moi un de ceux dont on ne rappelle pas le
« souvenir sans éprouver encore la douce émotion, la joie
« pure à laquelle on fut livré. Mes compatriotes paraissaient
« heureux et je l'étais. Cependant, je l'avouerai, j'eus des
« instants de tristesse ; il me semblait que les citoyens n'avaient

« pas su faire des sacrifices, qu'ils n'avaient pas été généreux
« pour ceux qui n'avaient rien redouté pour les défendre,
« mais je me tus, ou si je me plaignis, ce ne fut pas à des
« natifs.

« Rendu à ma première tranquillité, je me flattais que mes
« jours s'écouleraient désormais dans son sein; quelques
« mouvements se faisaient remarquer encore parmi nous, je
« cherchai à les ignorer, j'évitais même des hommes que
« j'estimais, auxquels je devais être lié par l'amitié et par la
« reconnaissance; j'aimais à croire que leurs plaintes n'étaient
« qu'un reste de la fermentation qui venait d'agiter les esprits
« et que quelques instants de calme n'avaient pu faire cesser
« ainsi que le mouvement des ondes subsiste lors même que
« l'orage qui le fit naître n'est plus. Je me renfermai dans un
« cercle étroit d'amis presque tous citoyens, je fuyais tout ce
« qui pouvait m'en faire sortir; je puis citer des écrits, des
« faits qui le prouvent; mais je me hâte d'avancer.

« Cette fermentation loin de s'éteindre, s'étendit avec vio-
« lence; l'esprit mercantile porté dans la politique, l'amour
« de la domination, celui de l'égalité, la hauteur, la crainte
« du mépris, l'orgueil du protecteur, l'impatience du protégé
« firent naître l'inquiétude et la haine, multiplièrent les mur-
« mures et les calomnies. En quelque lieu que j'allai, je trouvai
« de l'humeur et j'en pris: des injustices particulières for-
« mèrent le mécontentement général. On nous disait: « Il est
« des citoyens que la passion égare, mais ils ne forment pas
« le peuple, le législateur; et vous ne devez pas imputer aux
« lois l'injustice des hommes »; j'avais souvent entendu ces
« maximes, je n'avais jamais vu qu'elles influassent sur les
« cœurs; des distinctions ne donnent ni n'ôtent les sentiments,
« et seuls dans l'Etat, les natifs ne pouvaient être des dieux
« pour oublier les injures du grand nombre en faveur des dix
« Justes.

« On avait vu paraître une ordonnance sur le commerce
« sollicitée par des marchands bourgeois, les natifs crurent
« qu'elle tendait à gêner le leur: la fermentation prit une
« nouvelle force, des plaintes s'élevèrent, elles me parurent
« mériter qu'on s'en occupât, j'écrivis à un citoyen que j'esti-
« mais. Cette lettre raisonnée et dont le défaut est, peut-être,
« de ne l'être pas assez, fut regardée par des hommes qui ne
« raisonnent jamais, comme un libelle affreux, et son auteur
« fut un monstre. Je passe encore ici sur des détails qui me

« mèneraient trop loin ; j'ignore s'ils sont nécessaires, j'ignore
« si cette lettre a fait mon crime, j'attendrai qu'on ait daigné
« me l'apprendre pour détailler les effets qu'elle produisit et
« les suites qu'elle eut pour moi ; il m'eût été facile d'éviter
« les inquiétudes qu'elles durent me donner, je n'avais qu'à
« suivre l'exemple que m'avaient tracé quelques-uns de ceux
« qui me condamnaient, je n'avais qu'à semer avec audace les
« craintes, l'aigreur, la zizanie et m'envelopper du manteau
« de l'anonyme, avouer l'ouvrage en secret pour jouir de sa
« gloire, et de le savourer en public pour être impuni ; mais
« de tels exemples n'étaient pas contagieux pour moi et ne
« le seront jamais ; ma lettre fut imprimée sans que je le sus
« et je ne la désavouerai pas quoiqu'on pût me rendre respon-
« sable de son impression.

« Des magistrats m'exhortèrent à chercher de ramener la
« paix ; cette exhortation était bien inutile, la paix fut tou-
« jours un des vœux de mon cœur, j'étais né pour elle. J'avoue
« que pour la faire renaître, je ne m'avisai pas du sublime
« expédient de dire aux natifs : « Demeurez tranquilles, taisez-
« vous, vos plaintes sont injustes, vos prétentions absurdes,
« vous devez être contents, on vous a donné beaucoup plus
« même que vous ne méritez. » Tel était le langage qu'on
« semblait me dicter, mais je ne pouvais dire ce que je ne
« pensais pas. Je ne réfutai point un système qui me paraissait
« avoir des fondements et que je n'aurais pu détruire ; je ne
« cherchai point à le répandre parce que son évidence ne
« m'entraînait pas. J'étais convaincu qu'un peuple souverain
« et un peuple sujet, renfermés dans la même enceinte de
« murs, ne pouvaient s'aimer, ne pouvaient être unis, à
« moins que le dernier ne fût opprimé et faible, parce que
« recevant la même éducation, les mêmes principes, ils avaient
« des intérêts différents, parce qu'ayant les mêmes besoins,
« ils n'avaient pas les mêmes ressources ; que les arts, le
« commerce, les petites passions qu'ils font naître jettent dans
« tous les cœurs des rivalités et la haine ; parce que dans une
« ville agitée par des factions, où la liberté paraît toujours
« attaquée, toujours dans la nécessité d'être défendue, elle ne
« peut l'être qu'en inspirant le fanatisme de la liberté et que
« cette passion germant dans les cœurs des natifs comme dans
« ceux des citoyens ne peut s'arrêter dans ceux-là dans les
« limites que voudront leur prescrire ceux-ci ; qu'il faudrait
« alors la réprimer par des lois violentes et que des lois

« violentes sont destructives dans un petit Etat. Je cherchais
« donc des moyens qui, en conservant des distinctions qu'on
« pouvait croire utiles, pouvaient unir tous les membres de
« l'Etat entr'eux et rendre le gouvernement moins étranger
« aux natifs, sans le rendre plus populaire: Je consultai des
« amis, je fis communiquer mes idées à un magistrat ; ce fut
« en vain et je le craignais ; c'était de ces projets dont j'étais
« occupé quand vous avez daigné vous occuper de moi. J'avais
« éprouvé que la loi de Solon qui ne permettait pas de demeurer
« neutre au milieu des dissensions, était non seulement une
« bonne loi politique, mais encore une maxime de prudence.
« Pour n'être pas suspect aux citoyens, pour ne pas être
« regardé comme un traître, il fallait parler comme eux; il
« fallait donner aux natifs les noms de séditieux et d'ingrats,
« et je ne le pouvais pas. Déjà les natifs avaient cru mon
« inaction l'effet de la crainte, ma modération leur paraissait
« lâcheté, il fallait prendre un parti, je le pris et ce fut encore
« celui que je croyais le plus faible. Mais dans ces circonstances
« même n'ai-je pas toujours recommandé la modération,
« l'amour de l'ordre, l'équité, le dévouement à la patrie? Ai-je
« été dans des assemblées échauffer les esprits, ai-je jamais
« inspiré de coupables desseins? J'ai vécu avec ceux qui m'ont
« condamné dont quelques-uns me plaignent peut-être et
« d'autres me trahissent avec ceux que j'ai voulu servir et
« ceux dont je partage le sort, qu'il y en ait un qui cite de moi
« un discours, un écrit, un fait contraire à ce que j'avance,
« qu'il le prouve et je me reconnais coupable.

« Et c'est moi que l'on transforme en conspirateur, en
« séditieux, en homme avide de sang, en ennemi de la patrie!
« S'il est des personnes qui aient pu m'en accuser, ce sont-
« elles qui le croient le moins ; j'en appelle à leurs consciences,
« si la vérité peut s'y faire entendre encore.

« Mais pour opprimer des hommes dont les prétentions
« alarmaient, il fallait ébranler l'imagination par la crainte
« d'un complot affreux, il fallait créer des monstres pour faire
« sentir la nécessité de les combattre. Ce ne sont pas des
« crimes qui nous ont perdu, c'est le dessein de nous perdre
« qui fit nos crimes, il a fallu nous calomnier pour nous punir.
« Et ces citoyens qui durant leurs dissensions parlaient tous
« d'humanité, d'indulgence, de support, d'équité ; ces soutiens
« de la liberté n'ont pas dédaigné de prendre pour eux les
« leçons qu'un tyran donnait à son fils pour retenir sous son

« empire de nouveaux sujets, ils ont abattu les têtes des pavots
« qui s'élevaient au-dessus des autres.

« Mais voyons cet édit où se trouve notre sentence. Qui a
« été notre juge ? le souverain. Et ce juge a-t-il entendu les
« témoins ? A-t-il vu les dépositions, les faits qui nous accu-
« sent, les pièces qui les prouvent. Non ? Et l'on n'a pas craint
« d'avilir le souverain en le faisant décider sans connaissance,
« et l'on charge la conscience de ceux qui le composent de la
« condamnation de huit de leurs compagnons qu'on accuse,
« mais dont on ne justifie point les accusations ! On oublie les
« principes du gouvernement, ceux de la justice criminelle,
« ceux de la religion ; on fait du législateur un juge et un
« juge aveugle qui prononce sur des préventions, sur des
« soupçons, sur des craintes vagues et cela parce qu'on crai-
« gnait de ne pas trouver coupables ceux que l'on voulait
« bien redouter, ceux qui alarmaient l'esprit de domination.
« Monsieur, je me tais sur les conséquences qui résultent de
« ceci. Et quelles sont ces accusations ? Moi, j'ai fait des
« machinations pernicieuses ; j'ai annoncé par mes discours,
« par mes démarches des desseins de violence ; j'ai voulu
« m'opposer au cours de la justice ; j'ai fait, j'ai répandu
« des écrits séditieux, remplis de faits faux et d'insinua-
« tions calomnieuses ; j'ai tenté de corrompre la fidélité des
« sujets de l'Etat : Monsieur, je dois vous sommer de
« prouver ces faits ; montrez que j'en ai commis un seul et
« je veux être puni comme coupable de tous. Mais si
« vous ne pouvez apporter des preuves, s'il n'en existe pas
« pour des crimes imaginaires, quel nom voulez-vous que
« je donne à ceux qui font du souverain l'organe du men-
« songe, qui font parler aux lois le langage du plus lâche
« calomniateur.

« Je suis donc déclaré criminel de lèse-majesté au premier
« chef : pourriez-vous, Monsieur, m'apprendre ce que c'est
« que ce crime à Genève ? Je crains bien qu'il n'y soit
« comme sous le tyran Tibère le crime de ceux qui n'en ont
« point commis, je crains bien que ce ne soit celui d'être le
« plus faible. S'il existe dans vos murs de tels criminels, je
« dirai, et tout homme juste le dira après moi, ce furent ceux
« qui ne craignirent pas de violer la loi pour opprimer leurs
« compatriotes, qui les massacrèrent de sang-froid, qui
« aimèrent mieux porter le poignard dans le sein de leur
« patrie, exposer ses enfants à s'égorger les uns par les

3*

« autres plutôt que de partager avec leurs frères quelques
« prérogatives.

« Et vous pouvez sans rougir nous vanter votre odieuse
« clémence, vous avez pu vous flatter que nous la reconnaî-
« trions jamais! Non, elle n'est dans vous qu'une injustice de
« plus; elle n'est pas ici la crainte d'avoir à punir des cou-
« pables, elle est celle de trouver des innocents.

« Vous avez eu, dites-vous, la satisfaction de voir que le
« plus grand nombre des natifs s'est montré fidèle et obéissant.
« Faites-moi la grâce de m'apprendre comment vous avez pu
« distinguer les *fidèles* et les obéissants de ceux qui ne
« l'étaient pas? Ne sont-ils pas tous soumis à vos ordres
« portés même par des hommes qu'ils regardaient comme
« leurs ennemis? Armez-vous ou rendez vos armes, leur disait-
« on, et ils se sont armés ou ont rendu leurs armes. Ceux
« qui pensaient qu'en donnant la mort à quelques bourgeois
« qui les en menaçaient, ils usaient de représailles et n'exer-
« çaient qu'une vengeance juste, ne retirèrent-ils pas leurs
« armes au moment qu'un magistrat le leur ordonna. Ceux-
« mêmes que vous avez *enjoint de se retirer incontinent* et
« qui n'étaient pas déjà détenus, ne se sont-ils pas rendus à leur
« quartier, n'ont-ils pas obéi comme les autres? Où sont donc
« les rebelles? Et vous avez pu vous exprimer ainsi dans un
« édit, et dans un édit où vous nous reprochez des écrits rem-
« plis de faits faux et d'insinuations calomnieuses!

« Lorsque vous obligez les natifs à jurer qu'ils seront fidèles
« à l'Etat, obéissants aux magistrats, vous les forcez à se
« calomnier eux-mêmes; et lorsque vous voulez qu'ils jurent
« qu'ils seront soumis spécialement au présent édit, vous pro-
« fanez la sainteté du serment. Quoi! vous voulez que des
« hommes persuadés que leurs prétentions étaient justes, légi-
« times, utiles au bien de la patrie, les regardent comme
« absurdes, chimériques, pernicieuses, parce que vous décidez
« qu'elles sont telles ! Vous voulez qu'un commandement des-
« potique amène la persuasion dans des matières de discussion
« et de raisonnement et sur des hommes que vous n'osez
« appeler des sujets! Vous voulez qu'ils regardent comme
« atteint d'un crime capital celui qui parlera de ce qu'ils ont
« été, de ce qu'ils sont, de leurs droits, de vos injustices,
« vous voulez qu'ils signent l'exil de huit compatriotes de leurs
« amis, d'hommes qu'ils savent innocents, qu'ils les recon-
« naissent criminels lorsque tout leur crime est d'avoir voulu

« les servir? Vous les forcez de le faire, ou de renoncer à
« leur patrie, à leur famille, à leurs liaisons, à leurs établisse-
« ments; et vous appelez cela des lois équitables, l'exer-
« cice d'une autorité légitime? Et ce sont là les *armes* dont on
« se sert pour combattre un système absurde, lorsqu'on se
« vante d'avoir pour soi tout le poids, toute la force des rai-
« sons, toute l'autorité des preuves? Et vous voulez que
« l'homme désintéressé ne soupçonne pas que toutes vos rai-
« sons se réduisent à la force?

« Il subsistera cet édit, vous le déclarez perpétuel, et c'est
« tout ce que pouvait désirer notre vengeance. Il ira attester
« à la postérité qu'il est l'ouvrage de la passion et de la vio-
« lence; il conservera les noms de ces victimes innocentes de
« ce qu'ils ont cru le bien public; il fera désirer de connaître
« les faits qui les justifient; on apprendra comment on leur
« inventa des crimes pour se donner le droit de les opprimer;
« comment on déchira leur réputation sur des soupçons inspirés
« par une haine aveugle; comment on punit en eux des
« desseins qui les eussent assurés de l'impunité, s'ils les avaient
« en effet formés, ou qui du moins eussent fait acheter à leurs
« ennemis le droit d'être injustes au prix de leur sang; il
« apprendra que pour n'être pas punis comme coupables, il
« faut oser l'être; que les natifs ne l'ont été que pour avoir
« faiblement imité ceux qui les insultent aujourd'hui! Il dira
« aux nations quels furent les ennemis de la patrie, ou ceux
« qui désiraient qu'elle ne renfermât plus que des frères
« unis par les liens de l'égalité, ou ceux qui préparèrent sa
« ruine en arrachant de son sein ceux qui aidaient à sa pros-
« périté, en la rendant odieuse à ceux qui y restent encore,
« en la peuplant d'ennemis.

« Car enfin, qu'avez-vous fait? Vous avez les armes à la
« main, vous avez fait des règlements, vous avez dicté des
« lois; mais avez-vous changé les cœurs? Vous en avez arraché
« l'amour de la patrie, vous y avez semé le désespoir, le res-
« sentiment, le désir de la vengeance. Vous les avez divisés
« par la haine et les calomnies. Pouvez-vous vous dissimuler
« que ce qu'éleva la violence peut être renversé par la vio-
« lence? Condamnés à une inquiétude éternelle, vous règnerez
« par la crainte ou vous succomberez sous votre propre fai-
« blesse, vous ferez du Genevois un peuple d'espions, de
« délateurs et d'esclaves, vous ferez d'une ville libre un cachot
« où vos prisonniers épieront le moment où vous serez occu-

« pés de vous-mêmes pour vous accabler du poids de leurs
« fers.

« Je détourne mes regards de ces images affligeantes. Per-
« mettez-moi, Monsieur, de faire encore une réflexion. Il fut
« un temps où réduit à craindre vos concitoyens, vous vous
« éloignâtes de votre patrie. Ils vous accusaient d'avoir attenté
« sur leur liberté, d'avoir corrompu les principes du gouver-
« nement, d'avoir violé les lois, altéré l'indépendance de
« l'Etat : si l'on vous eût jugé alors sur des préventions, sur
« des craintes, sur des soupçons ; si l'on eût consulté la
« haine comme on l'a consultée pour nous, vous auriez été
« déclaré *criminel de lèse-majesté au premier chef*, et l'on
« eût appelé cet acte, un acte de justice. Cependant vous
« régnez, vous tenez les rênes de l'Etat, et nous sommes
« proscrits ! C'est ainsi que des hommes cruels font à leur
« gré des innocents et des coupables ; ils gémiront peut-être
« un jour sur leur triomphe, et c'est en versant des larmes
« sur notre condamnation qu'ils prouveront qu'ils ont encore
« des cœurs citoyens.

« Grand Dieu ! c'est moi que l'on accuse d'avoir voulu ren-
« verser ma patrie ! moi qui n'en pouvais entendre le nom
« sans une émotion involontaire ; moi, qui consacrais à sa
« gloire le fruit de mes veilles, moi qui lors même qu'elle me
« rejettait de son sein, versais des larmes sur elle ; moi, que
« son souvenir déchire, dans qui il triomphe encore du désir
« de la vengeance ; moi, qui ne puis m'arracher au sentiment
« amer qu'elle n'est plus pour moi ! Une consolation me reste,
« j'y laisse des hommes injustes qui m'ont accablé, mais, j'y
« laisse aussi des âmes honnêtes et sensibles, des hommes qui
« m'estiment et me plaignent, des amis : j'aime à me rappeler
« ce moment où je jouis des regrets de ceux-mêmes qui
« venaient de me condamner, où ils confondirent leurs larmes
« avec les miennes, m'ouvrirent leurs bras, me pressèrent
« pour la dernière fois contre leur sein. O mes amis ! je ne
« vous oublierai jamais, puissiez-vous être heureux, puissiez-
« vous mériter votre bonheur ! C'est le dernier vœu que forme
« mon cœur.

« Pardon, Monsieur, j'oublie que c'est à vous que j'écris :
« je rendrai ma lettre publique, mon jugement l'a été, ma
« défense doit l'être : j'attendrais cependant quelques jours
« pour savoir si l'on ne daignera point m'apprendre sur quelles
« preuves on m'a jugé. J'espère entrer dans de plus grands

« détails sur ceux qui partagent mon sort, sur moi, sur les
« causes de la révolution dont nous avons été les victimes ;
« mais je laisserai au temps à calmer l'agitation que ce sou-
« venir me cause, je veux pouvoir dire la vérité sans passion,
« et s'il est possible sans intérêt personnel.
« J'ai l'honneur d'être, Monsieur, avec toute la consi-
« dération que vous méritez par votre âge, vos lumières, vos
« vertus,
« Votre très humble et très obéissant serviteur.

« Jean-Pierre BÉRENGER.

« Tônex, ce 12 mars 1770. »

Le premier syndic *Cramer* soumit cette lettre au Conseil
qui, dans sa séance du 14 mars, estima qu'elle contenait l'aveu
et l'approbation d'un système tendant à la destruction de la
Constitution de la République et la confession d'ouvrages ayant
contribué à persuader ce système et à exciter le mouvement
dont la ville a été agitée de la part des natifs. Cela seul,
ajouta le Conseil, peut suffire pour justifier l'expulsion du dit
Bérenger et de ses sectateurs. Puis le Conseil avisa que quant
à présent il n'y a rien à faire et qu'il suffit d'envoyer copie de
cette lettre au Ministre de la République à Paris.

Dans l'intervalle nécessité pour cette transmission, la lettre
de Bérenger était imprimée à Versoix et répandue dans la
ville. Le Conseil s'en montra si vivement froissé qu'il résolut,
en séance du 9 avril 1770, de communiquer l'imprimé de
Versoix au Procureur général pour obtenir ses conclusions.

Ces conclusions furent défavorables à Bérenger.

Le 10 avril, lecture est donnée en Conseil de l'imprimé de
Versoix (1). Sur le vu des conclusions du Seigneur Procureur
général, l'avis, en deux tours, a été de condamner le dit
imprimé à être lacéré et brûlé par l'exécuteur de la haute
justice devant la porte de l'Hôtel de Ville, comme un libelle

(1) *Mémoire justificatif pour les natifs de Genève,* in-8°.

outrageant le Petit, Grand et Général Conseils de la République, calomnieux envers les citoyens et bourgeois, et dans lequel l'auteur paraît n'avoir d'autre but que de ramener le trouble et le désordre dans l'Etat. Suit, après cette sentence, la formule d'usage d'expresse inhibition et défenses aux libraires, imprimeurs, colporteurs, etc.

. . . .

Comme on le voit, Bérenger ne fut pas plus ménagé que Jean-Jacques Rousseau et cela pour avoir simplement réclamé et soutenu l'attribution en faveur des natifs de l'égalité des droits politiques.

** **

L'émigration des natifs à Chêne, Ferney et à Versoix jeta l'épouvante dans Genève. Aussi voyons-nous le Conseil de Genève aviser aux moyens de la prévenir. Le 14 mars 1770, il déclarait que l'article du règlement qui défend aux ouvriers de s'établir en pays étranger plus près que de trente lieues, sous peine de cassation de maîtrise et de mille florins d'amende, sera exécuté. Le Conseil reconnut ensuite « que tout moyen « violent irait à contre-fins, qu'on ne doit employer que des « moyens doux, qu'on doit faire ses efforts pour procurer des « bons traitements aux natifs de la part des bourgeois et qu'il « convient d'accélerer à cet effet la publication qui fut résolue « le 12 de ce mois. »

Les 12 et 13 mars, le Conseil délibère sur la restitution des pistolets saisis sur les natifs ; le 20 même mois, il transmet au Ministre de la République à Paris une *Lettre anonyme d'un natif* qui présente des réflexions sur l'édit du 22 février, les suites qu'il peut avoir, un pronostic des conséquences de l'établissement de la ville de Versoix, enfin, un projet d'arrangement pour remédier aux maux dont se plaignent les natifs.

Le 30 mars, il envoie un Seigneur Auditeur à Chêne pour rassurer les natifs au sujet de ses dispositions à leur égard.

Les natifs et leurs partisans disséminés autour de Genève représentant un groupe de sept cents personnes se montraient fermes et résolus. Les chefs exilés, réunis à Versoix, exprimèrent leur vœu par une *Lettre circulaire* adressée au Conseil et qui, imprimée à Versoix, fut répandue dans la ville, toujours au grand désappointement du Conseil. De l'enquête ordonnée, il résulte que ce document a été introduit à Genève par la fille *Dejean*, hôte du *Logis-Neuf* de Sécheron ; on en saisit un certain nombre d'exemplaires chez une femme *Duchêne* et chez un sieur *Bosson*. Ce dernier les tenait d'un nommé *Daloz*, domestique de M. de Voltaire Tous ces exemplaires furent remis en chancellerie pour y demeurer supprimés.

Le 30 mars, cette *Lettre circulaire* est lue en Conseil, déférée au Procureur général, puis condamnée à être lacérée et brûlée par l'exécuteur de la haute justice devant la porte de l'Hôtel de Ville « comme un libelle séditieux, contenant des maximes « et des prétentions déjà manifestées dans plusieurs ouvrages « condamnés et flétris comme tendant à détruire la Constitu- « tion, lesquelles ont été spécialement proscrites par l'édit du « 22 février dernier, dans lequel libelle les auteurs avancent « des faits faux et publient des calomnies atroces, tant contre « le Conseil, que contre un tribunal respectable et contre les « citoyens et bourgeois. »

D'autres écrits publiés par les natifs eurent la même destinée, c'est-à-dire *lacérés, bâtonnés,* puis *brûlés;* les moins importants étaient simplement saisis et supprimés. Outre ceux indiqués dans cette notice, les registres du Conseil nous ont fourni cette nomenclature :

Chansons en forme de dialogues, imprimées, condamnées le
10 janvier 1770.

Le Citoyen exilé ou *l'Exposé des procédures et d'un jugement
unique de l'esprit duquel dérive l'origine des troubles présents et
à venir de la République de Genève,* imprimé à Versoix, dite
la Nouvelle-Choiseul, 1770, signé par Jean Bacle (in-8°, 128
pages), brûlé le 16 mai 1770.

*Edit de la République de Genève, pour servir d'éclaircisse-
ment au présent édit,* 1770 (in-12, 39 pages), brûlé le 11 juin
1770.

*Mémoire justificatif pour les citoyens de Genève connus
sous le nom de natifs,* avec cette épigraphe :

> La loi dans tout Etat doit être universelle
> Les mortels quels qu'ils soient sont égaux devant elle.
>
> (VOLTAIRE, *Poème sur la loi naturelle,* partie 4, 1770.)

Ce mémoire est signé *Bovier,* avocat au Parlement de Grenoble (151 pages, in 8°), brûlé le 3 juillet 1770.

La Vérité développée ou *Réplique à l'auteur de la Réponse
aux remarques,* etc., par Goudet, bâtonnée et lacérée le
2 avril 1777.

Eloge de l'appel, par un ancien natif devenu citoyen, lacérée
et brûlée le 25 mars 1777.

Lettre d'un natif à un bourgeois de ses amis, lacérée et
brûlée le 19 avril 1777.

Dialogue entre un bourgeois représentant et un natif, lacérée
et brûlée le 19 avril 1777.

Plaidoyer du Sr Du Roveray.

Examen politico-patriotique, par Jacques-Daniel *Berlie,*
lacéré et brûlé le 12 mai 1777.

Lettre de M. P. à M. le P. V., lacérée et brûlée, 1778.

Premier coup d'œil ou *Notes sur la déclaration de prétendus constitutionnaires*, du 9 novembre 1780, lacérée et brûlée le 4 décembre 1780.

Le Postillon de la liberté, lacéré et brûlé le 25 mars 1780.

Mes Vœux ou *les Etrennes du Magnifique Conseil à la patrie pour l'année 1781*, lacérée et brûlée le 3 février 1781.

A Monsieur le Général de la neutralité mensongère de la Ville et République de Genève, lacérée et brûlée le 23 juin 1781.

Catilinaire moderne suivie de notes historiques, 10 juin 1781, lacérée et brûlée le 25 juin 1781.

Les Ressources de la politique, lacérée et brûlée le 20 août 1781.

Dialogue sur l'ostracisme et les questions du jour, 27 septembre 1781.

Divers libelles recherchés, imprimés à Carouge, chez Jean *Thomas*.

Réflexions d'un citoyen patriote sur le projet de conciliation du M. P. Conseil, 1781, supprimée.

Remarques d'un citoyen sur la réponse du Magnifique Conseil, du 18 mai 1781, supprimée.

Réponse à la seconde lettre à un natif représentant, 8 juin 1781, supprimée.

La Brochure sans titre, supprimée.

Requête Rillet, Théodore, adressée au Magnifique Conseil des Deux-Cents, supprimée.

Réquisitoire du Procureur général (10 août 1781), impression interdite.

Une brochure qui ne doit pas être attribuée à Bérenger est la *Réponse* que fit le *Cercle de la Liberté* le 4 octobre 1781. Elle est signée B., secrétaire (brochure in-8°). Le procès-verbal de la séance du 12 octobre relate un verbal du sieur auditeur Argand, du 9 octobre, au sujet de la perquisition qu'il a faite inutilement de ce libelle, et la condamnation de cette publication à être lacérée et brûlée devant la porte de l'Hôtel de Ville par l'exécuteur de la haute justice, comme étant un libelle infâme et calomnieux, attentatoire à l'honneur des Conseils, et contenant des personnalités odieuses contre des personnes respectables et un grand nombre de particuliers. Arrêté de plus que l'information pour découvrir les auteurs, imprimeurs et distributeurs, sera continuée.

Cette brochure doit avoir été écrite par Abraham-Gédéon *Binet*, auteur d'un imprimé intitulé : *Très humble et très respectueuse Représentation*, adressée aux Seigneurs Syndics par A.-G. B., que le Conseil condamne à la suppression le **26 mars 1781.**

Bérenger fut malmené dans une *Réfutation anonyme au Mémoire des citoyens de Genève connus sous le nom de natif.* Cette réfutation, due à la plume d'un de ses violents adversaires, fut imprimée à Genève. Elle porte la date du 30 mai 1770 avec ce titre : *Lettre d'un citoyen de Genève à l'éditeur de la « Gazette de Leyde »* (64 pages in-8°). « Le mensonge, dit l'anonyme réfutateur, passe souvent pour vérité « à travers les brillantes antithèses ; c'est en quoi M. Bérenger « paraît très ingénieux. » — Puis il continue sur ce ton non moins aigre : « Chacun de ses écrits a porté un coup funeste « par la raison même qu'ils venaient de lui et qu'on le suivait « comme un vrai prophète, sans examiner les faux titres de « sa mission, en les comparant avec l'inconséquence de ses « principes. Sa lettre du 10 août 1769 à M. J.-André de Luc « est peut-être de ses écrits celui qui a fait le plus de mal. On « lit cette phrase à la pénultième page : « On méprise peut-« être leur faiblesse (des natifs), mais ceux qui sont faibles « aujourd'hui peuvent ne pas l'être demain. » C'était leur dire « indirectement : Profitez de la sécurité qui vous favorise,

« liez bien votre partie ; le temps est un grand maître, vous
« viendrez à bout de tout. » — Et l'anonyme écrivain poursuit : « *Quoique M. Bérenger traite de calomniateur qui*
« *conque garde l'anonyme,* j'espère que son autorité n'aura
« pas plus de poids qu'elle ne mérite. J'ai de bons garants ;
« ceux de M. Bérenger ne sont qu'au bout de sa plume ; on a
« vu ce qu'on doit en penser. »

Ces lignes acerbes de l'ennemi de Bérenger démontrent
l'importance qu'on attribuait à notre historien dans le camp
opposé ; elles révèlent en même temps la persévérance et la
franchise de celui contre qui elles étaient dirigées et qu'à
tout prix on s'efforçait de vouloir perdre dans l'opinion
publique.

Cet écrit, spécialement dirigé contre la personne de
Bérenger, était l'œuvre d'un magistrat genevois, voilé sous la
personne du sieur Jean-Antoine *Comparet,* secrétaire de la
Bourse française. Le procès-verbal de la séance du Conseil,
du 13 juillet 1770, fait mention du rapport de MM. les syndics *Rilliet* et *Sales,* chargés de l'enquête au sujet de cette
publication, lequel constate l'aveu du sieur Comparet et la
saisie de quelques centaines d'exemplaires de la *Lettre.* La
séance du 20 juillet contient une nouvelle déclaration de
Comparet, au domicile duquel un grand nombre d'exemplaires avaient été trouvés. Il répondit « qu'il pourrait nom
« mer plusieurs auteurs de ces notes, mais qu'il aimait mieux
« prendre sur lui et s'exposer à la peine de cette faute que de
« les déclarer. »

Comparet fut, séance tenante, condamné à une forte censure et à trois jours de prison.

Le Conseil a ensuite procédé au jugement de cet imprimé
diffamant *pour le magistrat et pour Bérenger.* Voici cette
curieuse sentence :

« Vu les conclusions du sieur Procureur général, mesdits
« Seigneurs ont condamné ainsi qu'ils condamnent à être
« *supprimé, bâtonné* et *lacéré* comme un libelle, et notamment
« les notes, dans lequel l'auteur, au mépris de l'édit du
« 22ᵉ février dernier et de la publication du 2ᵉ avril suivant,
« imprimée et affichée, *fait des reproches injurieux aux natifs*
« *en général et nommément à quelques-uns d'entre eux, le dit*
« *libelle contenant de plus des insinuations odieuses propres à*
« *inspirer la défiance, à fomenter la discorde et à troubler la*
« *tranquillité publique.* »

(Suivent les inhibitions contre les introducteurs, libraires,
imprimeurs, colporteurs.)

Comme on le voit, les larges idées politiques et philosophiques de Bérenger devaient lui susciter bien des déboires de la
part d'un gouvernement au tempérament aussi vétilleux,
craintif et stationnaire que l'était celui de Genève.

Bérenger, alors retiré provisoirement à Lausanne, consacra
tout son temps aux travaux littéraires, politiques et historiques. Au nombre des travaux composés loin du sol natal, il
faut citer l'*Histoire de Genève depuis son origine jusqu'à nos*
jours (6 volumes in-8°, publiés sous le titre de : *Genève,*
1772-1773). Cet ouvrage porte pour épigraphe : « *Admiranda*
tibi levium spectacula rerum. Georg. Lib. IV. »

La préface est admirable dans sa grande simplicité. L'auteur affirme son impartialité dans ces nobles paroles :

« Un historien doit être le prêtre de la vérité et cette fonc-
« tion auguste doit lui élever l'âme et lui aider à écarter au
« loin le nuage que les préjugés ou les passions forment
« autour de lui. »

L'apparition des premiers volumes de cet ouvrage philosophique où l'auteur donnait beaucoup plus de développe-
ments à l'histoire contemporaine qu'à l'histoire ancienne, mit

en grand émoi le Conseil genevois. Le 14 août 1772, sur le rapport fait que dans la *Gazette de Berne* n° 65, il y a un avis qui porte que M. *Grouner* reçoit des souscriptions pour la nouvelle *Histoire de Genève du célèbre exilé* M. *Béranger*; il arrête « d'écrire à nos alliés de Berne pour les prier de « vouloir bien donner des ordres à l'éditeur de la *Gazette* « pour qu'il n'y soit rien inséré qui regarde notre Etat. »

En séance du Conseil du 21 août, lecture a été faite « d'une « lettre de nos alliés de Berne du 17 de ce mois, par laquelle « ils témoignent qu'ils ont été fâchés d'apprendre que le « Gazetier se fut ingéré d'insérer dans sa gazette l'avis dont « le Conseil s'était plaint au mépris des défenses précédentes, « et qu'ils lui ont fait les reproches convenables, lui intimant « de nouveau qu'il ait à s'abstenir de faire insérer dans sa « gazette aucun article relatif à notre Etat. »

Le 22 août, noble Turrettini, seigneur, ancien syndic, a communiqué au Conseil une lettre que M. l'avoyer *Sinner* lui a écrite le 21 de ce mois, qui mande « que le gazetier *Durand* « avait déclaré qu'il n'avait inséré dans la gazette l'avis dont « le Conseil s'était plaint, que conformément à l'avertisse- « ment que le libraire *Teron* lui avait envoïé, et en étant « opiné, l'avis a été que M. le Premier mandera les frères « Teron pour les censurer de la part du Conseil, et noble « Turrettini a été chargé de remercier M. l'avoyer Sinner de « la part du Conseil de son attention. »

Jacques Benjamin *Teron* fut censuré le même jour comme coupable de s'être occupé de la souscription à l'Histoire de Béranger et surtout pour avoir ajouté la qualification de *célèbre* à l'avis envoyé par lui à la *Gazette de Berne*.

Le 5 décembre 1772, le Conseil arrête que l'ouvrage de Béranger, dont on attend la suite, sera déféré au sieur Procu- reur Général. Même décision prise en séance du 15 janvier

1773, avec ordre de *saisie*, pour trois nouveaux volumes d'une brochure intitulée *le Patriotisme*, d'un *Commentaire sur le projet d'Edit* et de toutes autres brochures sur lesquelles les sieurs auditeurs *Jolivet, J.-L. Pictet*, et *Dentand* rapportèrent le 16 janvier et le Procureur Général le 6 février.

Le Conseil apprenant que Bérenger est venu clandestinement à Genève en deux ou trois fois décide que, s'il reparaît, il sera saisi et réduit incontinent dans les prisons (séance du Conseil du 23 janvier 1773.)

Les conclusions du sieur Procureur Général sur l'Histoire de Genève furent déposées en séance du Conseil du 8 février 1773 ; de suite on passa au jugement.

L'*Histoire de Genève* (!) fut condamnée « à être lacérée et « brûlée par l'exécuteur de la haute justice devant l'Hôtel de « Ville comme un ouvrage diffamatoire, contenant un grand « nombre de faits faux ou altérés et calomnieux, tendant à « troubler la tranquillité publique, contraire aux lois de « l'Etat, composé dans le dessein odieux d'inspirer la défiance « contre le gouvernement en représentant l'administration « comme suivant dans tous les temps et constamment au « projet criminel d'usurper les droits du Conseil général, « attentatoire à l'honneur de plusieurs magistrats respecta- « bles et de plusieurs citoyens, outrageant par les traits les « plus audacieux les puissances amies ou alliées de la Répu- « blique et leurs ministres qui lui ont donné des preuves « multipliées de leur précieuse bienveillance. »

(Suivent les expresses inhibitions aux détenteurs, impri- meurs, libraires, colporteurs, etc.)

Ce jugement reçut exécution le 8 février 1773.

Tel fut le sort réservé à une œuvre dont le capital défaut était d'exciter au sein du peuple des idées de réveil que les membres du gouvernement avaient tout intérêt à étouffer dans leur germe (1).

Les familles genevoises de cette époque aspiraient à une aristocratie absolue ; d'autre part la vénérable compagnie des pasteurs, véritable bras séculier, devenait un précieux auxiliaire au maintien du régime sous lequel le peuple genevois était forcé de fléchir. Les uns redoutaient l'explosion des idées philosophiques pour la perte de leurs charges et partant de là celle de leur ascendant sur la masse, les autres combattaient par tous les moyens cette révolution naissante pour les idées de parfaite égalité, dans la crainte qu'elle ne devînt fatale à l'autorité ecclésiastique et à certaines croyances religieuses.

Cette situation est dépeinte dans cette maxime d'une *défense apologétique* : « Point de noblesse reconnue *dans nos familles les plus apparentes et point de roture dans celles qui le sont le moins.* » Une brochure qui parut en ce temps d'agitation des esprits avait traduit cette pensée par ce vers satirique :

> *Qu'il soit du haut, qu'il soit du bas*
> *Genevois ne se distingue pas.*

Bérenger avait touché la corde sensible en ce qui se rapportait à la domination des familles de l'ancienne magistrature ; de la plus modeste à la plus élevée elles se targuaient *de leur noblesse héréditaire.* L'écrit *les Penseurs* résumait le sentiment de tous et c'est encore cette pensée qui prévaut aujourd'hui : « Tout le monde sait que *la plupart* de nos familles genevoi-

(1) Etrange parallèle, *les chansons du poète français Bérenger* furent proscrites en 1821. Sur la demande de la Compagnie des Pasteurs, ces chansons furent déférées au Procureur général et, par suite, les libraires genevois prirent l'engagement de ne pas vendre cet ouvrage.

« ses sont très modernes ; que les unes tiennent leur origine
« du commerce et les autres de professions peu honorables,
« et dans le très petit nombre qui datent de plus loin, il en
« est bien peu qui aient des prétentions si saillantes. Tout le
« monde sait encore que la plupart des familles tiennent plus
« ou moins à d'autres familles qui vivent dans l'obscurité du
« travail de leurs mains. »

La *noblessomanie* de divers chefs des anciens novateurs de
Genève et de plusieurs autres membres ou partisans de la
bourgeoisie de cette ville est admirablement dépeinte dans les
Notices biographiques du baron de Grenus, publiées à Genève
en 1849, à l'article E de l'appendice, page 211 et à l'article
F page 213. Cet auteur prouve que les familles de la magistrature de Genève n'avaient point de prétentions nobiliaires
dans le XVIIme siècle et en ont quelquefois manifesté d'exagé-
rées dans le XVIIIme.

On doit maintenant comprendre la raison pour laquelle les
recherches historiques étaient peu favorisées à Genève. Ces
études se mêlaient au mouvement politique en ce que leurs
auteurs voulaient trouver dans les anciens titres des preuves
des antiques libertés et des armes contre les usurpations de
l'aristocratie. Inévitablement, Bérenger dut froisser les sentiments hautains de cette caste, ce qui explique l'intérêt que
l'on prit à faire tomber dans l'oubli son *Histoire de Genève*,
que l'on taxa d'œuvre exagérée, partiale et même mensongère. Ce fut, du reste, le sort réservé à tous les écrits qui
tendaient à instruire le peuple de ses droits politiques ou qui
étaient reconnus comme entachés de philosophie et, comme
tels, dangereux pour les mœurs et la religion (1).

(1) Mademoiselle Octavie **Bourrit,** petite-fille de Bérenger, domiciliée à
Grange-Canal, commune de Chêne-Bougeries, possède le manuscrit de la

Nos historiens modernes les plus éminents ont rendu justice à l'esprit d'impartialité de Bérenger tout en faisant ressortir quelques-unes de ses contradictions contre les abus de l'aristocratie genevoise. Ses reproches, dit *Galiffe,* (*D'un siècle à l'autre*) bien que fondés en principe sont contredits par ceux qui lui échappèrent sur l'intégrité parfaite des magistrats et pour juger sainement la portée de ses écrits démocratiques, il faut voir ceux fort différents dont il les a fait suivre après l'escamotage de Genève par la France révolutionnaire. Après ce jugement, *Galiffe* ajoute : « Les plaintes et les rébellions « de la bourgeoisie genevoise au XVIIIe siècle, seraient beau-« coup plus intéressantes si cette classe n'avait pas montré « à l'égard des habitants et des natifs une dureté et un « égoïsme pires encore que tout ce qu'elle avait à reprocher « au gouvernement patricien dont les fautes reposaient au « moins sur des erreurs sincères et respectables. »

Bérenger eut à se défendre contre les attaques du chef du parti des Représentants, François De Luc (1), horloger, membre du Conseil des Deux Cents, auteur de brochures politiques et d'ouvrages dans lesquels il prit la défense de la religion en opposition aux écrits de savants *incrédules.* Une des lettres de Béranger à J.-F. De Luc a été imprimée (2). « Je pensais pas

partie non publiée de l'*Histoire de Genève.* Ces documents, selon indication qui nous en a été fournie dans une lettre du 24 septembre 1882, *n'ont pas été publiés jusqu'ici par discrétion et scrupule à l'égard de certains noms de Genevois vivant encore.* Plus tard, nous dit Melle Bourrit, une publication pourra en être faite ; ces documents sont donc, pour le moment, appelés à rester dans l'ombre.

(1) Né à Genève le 14 mai 1698, mort le 12 mai 1780.

(2) Archives d'Etat de Genève, année 1772, portefeuille V, pièce 12 : Lettre à J.-F. *De Luc,* citoyen et bourgeois de la ville et république de Genève.

« avoir jamais rien à vous dire, je croyais, lui dit Bérenger,
« vous laisser en paix, mais vous parlez de moi d'une manière
« si obligeante, avec un style si léger, avec des préventions
« si honnêtes et une bonté si rare qu'il m'est bien permis de
« me débattre un moment avant que vous m'ayez accablé.

« Je ne vous dirai pas ce qu'on attribue avec votre cher
« concitoyen Rousseau (qui par parenthèse vous aime bien
« autant que je vous aime). Vous voulez la guerre, vous
« l'aurez. Vous cherchez la guerre, je ne m'en étonne pas ;
« vos armes se rouillent durant la paix, et il faut bien les
« aiguiser quelque fois. »

Bérenger riposte à De Luc au sujet de fausses accusations
qu'il a portées contre lui et l'accable ainsi à propos de
son ouvrage « *Observations sur les savants incrédules* ».

« Si vous ne l'aviez pas donné, qui aurait jamais pensé à le
« lire ! Il m'en coûte un remerciement, une visite et il me
« fallut en lire quelques pages; c'était l'acheter assez cher.
« Je ne comprenais rien aux mouvements convulsifs que cet
« ouvrage me donnait, mes bras se raidissaient et s'étendaient,
« mes yeux se fermaient, mon visage s'alongeait, ma bouche
« s'ouvrait, ma tête tombait sur mes épaules : sans doute
« qu'un pressentiment m'annonçait le don d'un ennemi.
« Je m'endormis, et je crus que c'était d'admiration. »

A son adversaire De Luc, Bérenger rappelle cette pensée
de Rousseau : « Je sens dans mes malheurs que je n'ai pas
l'âme haineuse. » « Je le sens comme lui; après avoir dit ce
« que je pense, je pourrais vous voir avec indifférence, je
« pourrais vous tendre la main, dans un mauvais pas, mais
« je n'aurais jamais la force de faire un tour de promenade
« avec vous, car j'ai assisté deux fois à vos sermons du matin
« et c'est beaucoup, c'est trop sans doute pour un homme
« qui redoute les rabâcheurs et les déclamations violentes,

« qui n'aime pas qu'on voie sans cesse des projets de tyrannie
« dans nos magistrats, prouvés par les actes les plus indiffé-
« rents, par un geste, par un regard, par la manière de se
« rendre à sa chaise percée... »

« Vous dites que j'ai assisté à deux de vos exercices de
« dévotion, *machiaveliste*, c'est dire que je pourrais vous
« accabler de plaisanteries et vous marquer d'un ridicule
« ineffaçable, mais quand vous ne m'épargneriez pas cette
« peine, je me tairais encore et c'est être bien charitable
« envers un homme qui l'est si peu. »

Bérenger termine sa lettre en exposant d'avoir été fâché
d'être obligé de prendre carton avec De Luc; « j'aurais, dit-il,
« toujours respecté votre vieillesse, vos mœurs, des vertus
« que vous avez pratiquées, si vous vous étiez respecté vous-
« même, si vous aviez respecté la vérité et l'infortune. »

Cette lettre de Bérenger du 6 septembre 1772, signée : *Les
citoyens surnommés natifs*, fut transmise au Conseil dans sa
séance du 3 octobre 1772, comme contraire à l'article 2 de
l'édit de 1768, mais ce corps avisa de suspendre de procéder
à son sujet.

* * *

Le mariage de Bérenger fut célébré au Pays de Vaud, en
l'église de Duillier, le 4 juin 1773. Il épousa Antoinette
Lorentz, fille de Gaspard Lorentz (1) (soit *Laurence, Laurent*)

(1) Gaspard Lorentz, fils de Jean-Pierre, s'était marié à Genève à Charlotte, fille de feu Gabriel Chatel, citoyen, femme divorcée de Jean Lechaire
(1742, 4 juillet, contrat J. Vignier, notaire à Genève). La liquidation de
son hoirie a été opérée à Genève le 26 décembre 1782 par acte Jean Vignier,
notaire.

Dans les papiers de la famille Bérenger j'ai recueilli divers actes, soit
titres de propriété et de créance, passés en l'étude *Vignier* et en celle de
Mᵉ *Binet.*

de Grossen-Hain, en Saxe, domiciliée à Genève. Ce mariage ne put être transcrit sur les registres de l'Etat civil de Genève, eu égard à l'état de l'époux comme exilé. Le registre du Conseil, séance du **22 mai 1773** mentionne « que M. le « Premier a rapporté que le nommé *Laurents* était allé chez « lui pour le prier de signer les annonces de sa fille qui doit « se marier avec J.-P. Bérenger et il a invité à délibérer s'il « devait signer ces annonces, et l'avis a été qu'il peut les « signer, et que le dit Bérenger doit y être dénommé né à « Genève et qu'il y sera inscrit ; que le mariage ne pourra « être béni sur le territoire de la République, et qu'au lieu « des mots de fiancés et annoncés, il sera mis qu'on permet « la publication des dites annonces. »

Bérenger était alors fixé à Calève, près Nyon ; il y séjournait encore en **1775**, ainsi que le constate un acte Goncerut, notaire, du 3 août **1775**.

L'épouse de Bérenger, charmante personne, avait une instruction bien au-dessus du commun; ses correspondances recèlent un délicieux caractère, badin parfois; elles dénotent l'énergie, la fermeté de cette digne femme que Bérenger apprécia si vivement aux jours de ses grandes épreuves.

Dans l'une de ses lettres d'invitation à une amie, madame Pellet (1) à Genève, elle lui faisait entrevoir combien les marques de son souvenir lui étaient agréables; « elles m'ai- « deront, disait-elle, à supporter notre éloignement ; nous « nous communiquerons par là nos plaisirs et nos peines. « Mais tout devient intéressant quand on s'aime; l'on croit « même partager les uns et adoucir les autres en se les « communiquant. Nous aurons ensuite le plaisir de nous

____

(1) **Pellet**, imprimeur de la République à Genève (bourgeois de Genève dès 1711).

« embrasser quelquefois ; ton époux voudra bien y consentir,
« c'est à cette seule condition que je lui permettrais de
« m'appeler encore *bougnette* ; fais-le lui bien sentir, afin
« qu'il n'aille pas contrecarrer nos plaisirs quand il nous
« plaira en prendre. Embrasse-le sur le marché, d'abord pour
« toi, parce que tu as le premier privilège et puis pour moi
« parce qu'il est ton époux ; je suis un peu mécontente du
« mien : dans huit jours j'en ai passé quatre sans lui, non
« content de cela il me gourmande ; je crois en vérité qu'il
« est un peu sorcier, car il a beau faire, je l'aime toujours
« plus. Mais mon amitié pour lui n'empêchera pas que je ne
« sente celle que j'ai pour toi et que je m'en occupe souvent.

« Adieu, chère amie, mes amitiés à celui qui doit m'appeler
« *bougnette* conditionnellement. »

La malicieuse *bougnette* prie alors Bérenger d'ajouter quelques mots à sa missive ; il cède au désir si cordialement
exprimé et voici ce qu'il ajoute :

« Et l'on veut que je finisse la lettre et je la finirai avec
« plaisir parce qu'elle a été faite pour vous, parce que vous
« devez la lire et que vous penserez à ceux qui vous écrivent.
« Or, je vous dirai que *mon amie* est un peu menteuse : je ne
« l'ai point gourmandée et je ne suis point sorcier. Je ne sais
« comment m'y prendre, je veux qu'elle ne boude jamais,
« et elle ne veut me bouder, je veux lui faire la mine, elle me
« regarde et je cours la baiser. Oh ! en vérité c'est un petit
« démon ou c'est un ange. Je croirais cependant que c'est le
« dernier et voici mes raisons pour le croire. Les anges sont
« ordinairement des messagers de bonne nouvelle et elle
« semble toujours en annoncer ; ses yeux inspirent le plaisir,
« son souris fait espérer le bonheur et c'est ainsi que doivent
« faire les esprits célestes. Mais pourquoi chercher tant de
« raisons, il suffit d'une seule : elle est votre amie, vous

« l'aimez, vous la regrettez, donc elle n'est pas un être mal-
« faisant. Cela me paraît sans réplique, qu'en pensez-vous ?
« Tenez, cousine, elle est devant moi et je ne sais ce que
« j'écris, ce que je pense ; elle m'ôte l'imagination, ma foi, je
« ne puis voir, ni penser qu'à elle.

« Bonjour, aimez-nous bien, faites nos amitiés à votre
« époux. Je finis ma lettre pour baiser les yeux de *mon amie*,
« c'est mon excuse, elle doit vous faire pardonner à la brièveté
« de votre affectionné serviteur.

« BÉRENGER.

« *Mon amie* vous prie de visiter souvent mama et si je
« pouvais ajouter du poids à cette prière, je vous en prierais
« aussi. »

Bérenger fixé à Calève, près Nyon, de 1773 à 1776, devint
un intime ami du docteur en droit Jean-Marc-Louis Favre (1),
en résidence à Rolle, personnage qui se fit la réputation d'un
jurisconsulte sage et éclairé et qui s'attacha à Frédéric-César
de La Harpe comme un véritable conseiller et l'un de ses plus
actifs correspondants.

Grâce à la bienveillance de M. Charles *Vittel*, l'un des
administrateurs de la bibliothèque de la ville de Rolle, trente-
neuf lettres de Bérenger nous ont été communiquées et nous
ont fourni de précieux renseignements sur la vie de notre
concitoyen pour la période de 1773 à 1782. — Il s'occupait,
paraît-il, d'une entreprise d'imprimerie pour la production
de divers travaux politiques et scientifiques. Cette entreprise
comptait un certain nombre d'intéressés au nombre desquels
était l'avocat Favre. De Calève, le 14 décembre 1773, il lui

_____

(1) Né à Rolle le 10 février 1733, d'Elisée Favre et de Jeanne-Louise
Dufresne, mort en 1793.

expédie, outre d'anciens actes, une copie d'un manuscrit de M. *Chouet* Jean-Robert (1), écrivain genevois qui fournit à *Spon* la plupart des matériaux pour son *Histoire de Genève* ; le 4 juin 1775, il annonce à M. Favre qu'il a reçu les *Associés typographes* et les lui adresse pour le règlement de ce qui le concerne. « Je désire, ajoute Bérenger, le bien commun de la « Société, je n'exige rien d'elle que ce que votre équité vous « dictera. Je serai fâché de faire mon bien à ses dépens et je « n'en jouirais avec plaisir qu'autant qu'elle trouvera des « des avantages dans le mien, et que j'en trouverais dans le « sien, autant du moins que cela est possible dans la société « politique. »

Toujours de Calève, du 12 décembre 1775, il signale à son ami Favre ses rapports avec *Reverdil* (2) Elie-Salomon-François, qui devint précepteur des princes de Danemark et dont l'aîné, devenu roi sous le nom de Christian VII, créa cet ami de Bérenger Conseiller d'Etat et secrétaire de son cabinet particulier. Reverdil fut, dans la suite, lieutenant baillival de Nyon en 1788 et occupa diverses charges publiques. Dans cette longue missive, Bérenger s'exprimait ainsi sur sa situation :

« Je consentirais volontiers à n'être jamais rien dans le « Pays de Vaud si cela ne jetait de l'incertitude dans mon « établissement et mes projets mais je ne puis couper sans « imprudence les fils qui pourront m'attirer ailleurs tant que « je ne serai pas sûr de mon état dans ce Pays...

« Mais pourquoi s'opposerait-on à ce que je me fixasse

(1) Ancien syndic, né à Genève le 30 septembre 1642, mort le 17 septembre 1731.

(2) Il était fils du secrétaire baillival Urbain Reverdil, naquit à Nyon, le 19 mai 1732 et mourut à Genève le 4 août 1808.

« ici par une bourgeoisie ? Me peut-on croire un homme dan-
« gereux ? Qu'importent mes principes si je ne les répands
« pas, si je vis solitaire, si je me borne aux soins de mon
« état et de ma famille. Or c'est là ma manière de vivre
« et la seule qui me plaise. Craindrait-on mes écrits ; mais
« en me fixant dans le Pays, c'est m'obliger à ne pas en
« heurter les préjugés, les maximes, les lois ; c'est me
« rendre moins dangereux s'il est possible que je puisse
« l'être. Si j'étais en France, par exemple, je pourrais plus
« librement écrire sur les aristocraties, sur les Gouverne-
« ments en général, sur celui de Berne en particulier. — C'est
« tout ce qu'on peut craindre de moi, mais c'est ce qu'on a
« plus à craindre quand je ne serais pas établi dans ce Pays.

« Et puis, plus je me tâte, et moins je comprends comment
« je puis être à craindre, mais il ne faut pas raisonner quand
« on n'est rien, il faut se soumettre. Eh bien je me tais.

« Je n'ai point montré le portrait de Sophos à son original,
« il ignore qu'il existe ainsi que le roman dans lequel il est
« enchassé. J'aime à rendre justice à mes amis dans le silence
« de ma solitude, mais non à les instruire. Je me flatte que
« vous voudrez bien que je vous range parmi eux, j'en aurais
« plus de plaisir à les faire passer en revue. »

Comme on le voit par la lettre qui précède, l'exilé Bérenger
fit quelques tentatives pour obtenir la bourgeoisie d'Etats
voisins. (1) De 1773 à 1777, ses correspondances avec M. Favre
relatent qu'après ses démarches à Lyon et à Paris, c'est en
Suisse qu'il voyait un état plus sûr et le meilleur pour lui.
Berne n'accéda pas à sa demande en bourgeoisie vaudoise. —

(1) Lettres à M. Favre des 23 septembre, 28 novembre 1773, 25 janvier
et 4 juillet 1776, 22 novembre 1777. Bérenger eut à cette occasion de
nombreuses correspondances avec M. *Tscharner* et *Schmidt* et d'autres
personnages.

Bérenger, fixé à Lausanne, songeait à retourner à Calève ou à se fixer à Neuchâtel avec l'espérance d'y être admis.

Une brochure qui parut en 1780 ayant pour titre : « *Voyage de Galeg dans la ville de Yenef à Sindif,* » fut tour à tour attribuée à Bérenger et à l'avocat Favre, de Rolle Elle n'était cependant pas leur œuvre. Bérenger signale l'apparition de cet écrit et les suppositions auxquelles il donna lieu dans une lettre du 16 décembre 1780. Sans en nommer l'auteur, il désigne M. de Végobre comme ayant écrit l'introduction. C'est donc par erreur que cette brochure figure à l'avoir des travaux de Bérenger dans l'intéressant *Dictionnaire biographique des Genevois et des Vaudois*, d'Albert *De Montet*.

L'exil auquel était astreint Bérenger devint pour lui un supplice d'autant plus rigoureux qu'il portait un intérêt suivi aux destinées du pays et qu'il se trouvait séparé de ceux auxquels il vouait une affection sans égale. Vers la fin de 1774, il pensa que le moment était propice pour obtenir une réhabilitation. De concert avec les sept exilés de l'édit de 1770, le 28 novembre 1774, il adresse au Magnifique Conseil une lettre datée de Versoix, pour le prier de proposer au Conseil souverain la suspension de la loi qui les condamnait jusqu'à ce qu'un examen impartial, fait dans les formes juridiques, ait prouvé qu'ils méritaient d'y être soumis. Ils exposaient qu'ayant été condamnés sans avoir été entendus, ils pouvaient avoir recours à la loi qui accordait cinq ans pour purger la contumace.

Le conseil de Genève, qui délibéra sur cette lettre dans sa séance du 7 décembre 1774, fut d'avis de n'avoir aucun égard à son objet et arrêta de n'y faire aucune réponse. Puis le 21 même mois, le conseil donne comme extension à sa décision de mettre un R. majuscule au dos de la requête, comme marque de *Refus* et d'en garder copie.

De Lausanne, le 16 novembre 1777, où il se trouvait en convalescence, Bérenger annonçait à M. Favre que des citoyens de Genève sont venus lui rendre visite, qu'ils lui ont témoigné tant de regret de ne pas le voir rendu à sa patrie et qu'ils lui en ont montré la facilité pour y rentrer. J'arrangeai une requête, dit Bérenger, telle qu'elle pouvait satisfaire les gens raisonnables sans heurter mes sentiments, et en l'envoyant, je les priai de voir la disposition des esprits. Ils les trouvèrent bien disposés; le premier syndic dit à la personne qui le consulta qu'il se ferait un grand plaisir de me servir sur ce point; d'autres membres du conseil y parurent disposés et les citoyens l'étaient. J'avais donc lieu d'espérer quand la commission s'est rompue, les mécontentements renouvelés et la défiance devenue atroce. Dès lors on s'est trop occupé de ces débats pour que je pusse m'attendre qu'on s'occupât de moi.

*　*　*

De 1775 à 1779, Bérenger donna des leçons, collabora à quelques journaux, fit d'innombrables traductions pour son compte et pour celui de publicistes à l'étranger.

Il publia une géographie de *Busching*, abrégée dans les objets les moins intéressants, augmentée dans ceux qui ont paru l'être, retouchée partout et ornée d'un précis de l'histoire de chaque état. Cet ouvrage imprimé à Lausanne en 1776, chez la Société typographique, forme douze volumes in-8°. On doit conserver les ouvrages enfantés par le génie : il faut multiplier les ouvrages utiles, et tel était celui du géographe Antoine-Frédéric *Busching* que Bérenger rendit populaire en diminuant son étendue, en l'améliorant, en le perfectionnant. Bérenger avait une haute idée de la science géographique si utile au militaire, au commerçant, au navigateur, au politique.

Il avait le sentiment que l'ouvrage de Busching méritait d'être recherché parce qu'il était plus étendu, mieux rempli que ceux alors connus sur la matière; il ajoute aux vérités, disait-il, il retranche aux erreurs de ceux qui le précédèrent : il est le fruit d'un long travail, du bon sens éclairé : on y voit de l'ordre, de la sagesse dans le choix des auteurs qu'il suit comme dans ses réflexions, de l'exactitude dans les descriptions de ce qu'il a vu lui-même ; c'est enfin le meilleur livre de géographie qu'on ait eu encore.

La traduction de Bérenger fut critiquée sur plusieurs points par l'auteur d'une édition traduite de l'allemand, tirée à Strasbourg en 1785, parce que Bérenger, en vue de jeter plus de clarté et plus d'intérêt sur son œuvre, avait fait précéder la description de chaque État d'un tableau du gouvernement régnant, avec un précis rapide des révolutions qui ont fait l'État ce qu'il était au moment de la publication.

Bérenger collabora à un remarquable travail de Busching, la « *Description de l'univers,* » publié à Hambourg, en dix volumes, de 1754 à 1792, ainsi qu'à d'autres œuvres de ce fécond géographe qui, né à Stadthagen en Schauenbourg-Lippe en 1724, mourut à Berlin en 1793.

La Société typographique de Lausanne, déjà citée à l'occasion du séjour de Bérenger, à Calève, comptait plusieurs Genevois parmi ses membres ; citons au nombre de ceux-ci l'avocat *Boin* et *D'Yvernois* alors apprenti avocat. Son directeur-libraire était Jean-Pierre Heubach, à Lausanne.

En relations intimes avec Pierre *Prévost*, physicien et littérateur distingué (né à Genève le 5 mars 1751 décédé le 8 avril 1859), Bérenger fit admettre une série d'articles de son ami dans le journal auquel il collaborait *(Lettre à M. Favre, du 30 mai 1776, Bibliothèque de la ville de Rolle.)* — Parmi ces articles, citons l'*Analyse de Condillac.* A ce même journal correspondait M. *De Luchet* dont la plume n'était pas bien exercée, paraît-il, à en juger par cet extrait d'une lettre de Bérenger, du 16 mai 1766. « Le *Journal* sera maigre cette quinzaine, M. De Luchet n'a envoyé que des brinborions, la plupart nés dans les environs de Genève et pour ces brinborions, il renouvelle la proposition d'imprimer le journal à Cassel et de payer pour ceux qu'il enverrait de Lausanne. On n'est point d'avis d'accepter. »

Dans le cours de l'année 1777, le Conseil de Genève continua la chasse aux écrits appelés séditieux. Les principaux ouvrages ou libelles condamnés furent :

Chansons de Michelin l'aveugle, brûlées le 25 février 1777.

Requête d'un père de famille jugé sans avoir été entendu.

La Vérité développée ou *Réplique à l'auteur de la Réponse aux Remarques*, etc., par Pierre *Goudet*, auteur des *Remarques sur le projet de commission pour la révision des édits politiques, proposée en deux cents le 10 février 1777*, brûlée le 2 avril 1777.

Éloge de l'appel au sens commun, par *un ancien natif, devenu citoyen*, brûlé le 25 mars 1777.

Autre retour des Indes orientales, supprimée le 25 mars 1777.

Lettre d'un natif à un bourgeois de ses amis ; dialogue entre un bourgeois, représentant et un natif, brûlé le 19 avril 1777.

Plaidoyer prononcé le 2 avril 1777 à l'audience du magnifique conseil, par l'avocat *Du Roveray*, en *faveur de Goudet*.

Examen politico-patriotique, brûlé le 12 mai 1777.

Mémoire du magnifique conseil pour le sieur David Pons, condamné le 29 septembre 1777.

* * *

Dans les premiers mois de 1778, Bérenger se rendit à Versailles et fut présenté au comte de Vergennes. Le 4 avril, sur l'ordre du roi, un passeport lui était délivré afin qu'il pût se rendre en Italie par Gênes avec un sieur Trouard. Le passeport est signé par le roi Louis et contresigné par le comte de Vergennes. A son retour en juin, il communiqua ses impressions à M. Favre, de Rolle. Disons à ce sujet que Bérenger était un observateur prenant des idées justes des diverses choses qu'il ne connaissait que d'une manière vague.

Il comptait à son retour venir s'installer à Rolle, son médecin lui ayant conseillé les bains de cette localité, renommés par la vertu de leur eau ferrugineuse, mais il fut retenu à Lausanne par la visite de Marc-Théodore *Bourrit* (1) et son fils qui se rendaient au Grindelwald, puis par celles de plusieurs dames de Genève et de M. Bovier (2).

Le fils de M. Bourrit, Charles, devint le gendre de Bérenger par son mariage avec sa fille Charlotte, célébré en l'église des Machabées, près St-Pierre, à Genève, le **14** décembre **1794**.

*
* *

La mort de Voltaire et celle de Rousseau affecta beaucoup Béranger, mais plus particulièrement celle de son compatriote.

« On me dit que Rousseau est mort, écrivait-il le **13** juil-
« let **1778** (3) : cela peut être et je ne le crois pas encore,
« peut-être parce que je ne le désire pas. — J'ai une sorte de
« vénération pour cet homme là. Ne serait-ce point un men-
« songe officieux pour le mettre à couvert des suites de l'im-

(1) Né à Genève le 6 août 1739, décédé dans cette ville le 7 octobre 1819, *Bourrit* fut le compagnon de Horace Bénédict De Saussure dans ses excursions alpestres; en 1793, il comptait parmi les membres de l'Assemblée nationale de Genève.

(2) Né à Genève le 18 février 1772.

(3) Lettres à M. *Favre*, à Rolle, 11 juin, 13 et 19 juillet 1778.

« pression de ses mémoires ? C'est acheter la célébrité un peu
« cher ; vous avez le meilleur lot : la sûreté et la paix,
« l'échange des droits que vous pouviez avoir à la gloire
« contre de tels biens est bien avantageux. Je n'ai fait que
« montrer mon nez dans la région qu'habite Rousseau,
« Voltaire, etc..., et j'ai reçu une si bonne nazarde que
« quand ce n'aurait pas été impuissance, ç'aurait été sagesse
« de rentrer dans ma coquille.

Les 19 juillet, il revint sur la mort du philosophe genevois.

« On m'a écrit des détails sur la mort de Rousseau : il prit
« mal à déjeuner, il se promena cependant, admira la
« sérénité du jour, la beauté de la campagne, puis tomba en
« faiblesse ; on le fit revenir, il retomba, perdit connaissance
« mourut un quart d'heure après. On dit que Paris le regrette
« plus que M de Voltaire, que tous les honnêtes gens se sont
« intéressés à sa perte. — Il avait désiré qu'on l'ouvrît : on
« l'a fait et les causes de sa mort ont paru être la sérosité
« qu'on a trouvée dans son cerveau. On attribue sa mort par
« conséquent à la chute que lui fit faire le chien danois.
« Depuis ce temps, on remarquait qu'il était moins gai. On
« dit que le vol de son manuscrit était un conte, qu'il n'avait
« quitté Paris que pour vivre avec plus d'économie, soin
« auquel l'assujettissait la petitesse de sa fortune. Je crains
« qu'on ne parvienne à ensevelir ses mémoires. J'aimerais
« qu'on pût les mettre en sûreté ».

Bérenger vouait une réelle sympathie au philosophe genevois. Déjà, en 1775, il avait, sous le couvert de Londres,
publié une brochure de 79 pages avec ce titre : *Jean-Jacques
Rousseau justifié envers sa patrie, ouvrage dans lequel on a
inséré plusieurs lettres de cet homme célèbre qui n'ont point
encore paru.*

Quelques appréciations de Bérenger sur Rousseau, trouvent ici leur place légitime :

« Un homme ignoré qui n'a de talens que la sensibilité de
« son cœur ose prendre la défense d'un homme célèbre et
« malheureux, haï et persécuté des grands, odieux aux faux
« dévots, aux tyrans, à quelques auteurs qui semblent
« craindre que sa réputation ne s'étende en resserrant la leur,
« mais estimé, chéri des hommes vertueux, et libres. —
« Un ami de l'humanité s'intéresse à celui dont elle échauffa
« le génie, dont elle dicta les écrits; ceux à qui la vertu est
« chère peuvent-ils ne pas aimer celui qui la leur rendit plus
« chère encore, qui la peignit avec force, avec ces traits qui
« partent du cœur. »

« Tel est cet homme, dit Bérenger, dont on calomnia la
« vie, après l'avoir semée d'amertumes. Il aima la paix, il
« voulut toujours le bien, sa sensibilité extrême ajouta à ses
« malheurs, elle lui fit partager ceux des autres.

« Rousseau honora l'humanité par son génie et si ses
« ennemis en étaient crus, il l'avilissait par ses sentiments;
« j'ai prouvé qu'ils se trompaient; j'ai offert un nouvel
« examen de l'injustice des jugements humains; j'ai montré
« que des yeux fascinés par la haine jugent mal des hommes. »

Et Bérenger termine son exposé pas ces mots pleins de dignité : « Si l'homme vertueux m'approuve, tous mes « vœux sont remplis. »

Nul doute qu'une autre brochure, publiée le 15 juin 1791 à l'occasion du transfert probable des cendres de Rousseau au Panthéon, et de l'érection projetée d'un monument à Genève, n'ait pour auteur J.-P Béranger. Cette pièce, imprimée à Genève, n'est revêtue d'aucune signature, les ressemblances de style tendent à corroborer l'hypothèse qu'elles ont fait naître. — Elle a pour titre :

« *A la mémoire et à la patrie de* **J.-J.** *Rousseau par un de ses concitoyens.*

Bérenger reproche aux Genevois que d'une nation voisine gémissant naguère sous le joug du despotisme, sous l'empire des préjugés, sous le poids des plus révoltants abus, les a devancés dans une carrière où ils l'avaient cependant précédée. Elle a, leur dit-il, plus fait pour la liberté que vous ne pensâtes jamais en faire. — Sur le frontispice du temple consacré aux grands hommes dont la patrie était reconnaissante, cette nation a destiné une place à Rousseau, à ce véritable ami des hommes qui le méconnurent et ne l'aimèrent que lorsque son cœur flétri par leur injuste haine, ne pût plus sentir la douceur d'en être aimé ; à Rousseau dont l'immortel ouvrage sur lequel ses concitoyens voulurent imprimer une note d'infamie sert de base au grand œuvre de la Constitution, à Rousseau enfin dont le crime passé fait aujourd'hui la gloire.... à Rousseau qui vécut et mourut peut-être victime de la haine de ces hommes qu'il voulut éclairer et rendre heureux.

Genève ma patrie et la sienne ! ne gémis-tu pas de voir ta gloire souillée par le décret que tu portas contre lui ! Il ne suffit pas de l'avoir révoqué en silence, il faut encore le révoquer à la face de l'Europe entière ; il lui faut une réparation aussi éclatante que l'offense ; il faut même la faire à tous les hommes libres dont tu offensas le génie tutélaire.

Ne gémis-tu pas d'avoir condamné et livré aux flammes ce livre dont les principes éternels sont écrits en caractères de feu dans le cœur de tes concitoyens ? Ne rougis-tu pas de t'être couverte du voile sacré de la religion dont tu prétendais voiler l'injure pour essayer de diffamer ce grand homme ? de la religion que tu disais insultée, tandis que tu ne songeais qu'à retarder l'instant où les grands et immuables principes du droit naturel et politique, éclaircis, consacrés par lui, produiraient une explosion, fatale aux tyrans condamnés, ainsi qu'aux petits despotes, dont la tyrannie hypocrite et concentrée n'en est que plus redoutable et plus funeste.....

. . . .

Laisser subsister l'injure et continuer à se taire, c'est l'approuver; avoir en mains la puissance de la réparer, et ne pas le faire, c'est s'en rendre complice. — Laisserons-nous donc lâchement à la France l'honneur de venger Rousseau de notre ingratitude? Ne lui disputerons-nous pas ce glorieux devoir? Si nous n'eûmes pas la gloire d'y penser les premiers, il est encore beau d'y penser après elle.

Bérenger voulait faire réclamer les cendres de Rousseau.

« Oui nous allons nous réunir, nous allons demander à l'Assemblée nationale ces restes précieux devenus un trésor national, nous allons faire briller notre gloire d'un nouvel éclat en réhabilitant parmi nous sa mémoire.

« O Rousseau! ta patrie, le lieu de ta naissance que tu rendis à jamais célèbre, où tu passas les premiers jours de ta vie, les seuls hélas! qui furent heureux, va reconnaître enfin ce qu'elle te doit; le mausolée qu'elle veut t'élever ranimera son zèle pour la liberté, son énergie presque éteinte, et renouvellera en elle le sentiment de son antique vertu! Eloquent même après ta mort, tu nous instruiras du fond de ton tombeau.

« Pères, mères, enfants, citoyens, tous viendront baiser à genoux le marbre sacré qui couvrira ton corps; nos hommages apaiseront ton ombre chérie; les hommes libres de tous les climats viendront payer à tes cendres le tribut de leur admiration : nous les regarderons comme le palladium de notre liberté, et ta gloire ne fera plus notre honte. »

L'érection du monument ordonné par le souverain fut consacré par une fête publique et nationale qui n'eut lieu que le 28 juin 1794; le buste placé dans la promenade des Bastions était l'œuvre du citoyen sculpteur Jacquet; la dernière main y fut mise en mars 1795. La promenade des Bastions portait alors la dénomination de *Lycée de la patrie*.

Le monument de J.-J. Rousseau fut détruit en 1815. En 1821, le 30 avril, on y plaça un nouveau buste dû au ciseau du sculpteur genevois Pradier et le 24 Février 1835 on inaugurait la statue du philosophe érigée au centre de l'île des barques qui dès lors changea de nom.

**
* *

Quant à la mort de Voltaire, Bérenger en parle avec sobriété de détail dans une lettre du 11 Juin 1778. « On me « dit, annonce-t-il à M. Favre, que le corps de M. *de Voltaire* « revient à Ferney, et qu'il est mort de mauvaise grâce. »

Dans cette même lettre, Bérenger, dirige une pointe à l'endroit de l'avocat et littérateur Simon-Nicolas-Henri *Linguet* (1) rédacteur du *Journal politique* et des *Annales politiques*, (on retrouvera plus loin ce nom dans une note concernant l'historien genevois *Mallet-Du Pan*), avec lequel il forma une association. « Vous savez les bizarreries de M. *Linguet*; « il donne de l'inquiétude à Genève parce qu'il a soupé avec « des Représentants. Je ne le crois pas propre à faire des « sages républicains: lui-même ne s'entend pas trop dans « ses principes de politique et ces principes encore s'allient « mal avec son caractère. »

Le publiciste *Linguet* auteur d'un libelle imprimé contre le

(1) Linguet, né à Reims en 1736, fut emprisonné à la Bastille en 1782, puis exilé. Il obtint des lettres de noblesse de Joseph II et mourut en 1791, victime du Tribunal révolutionnaire de Paris.

Ministre de France, le comte *de Vergennes* avait fait répandre cet écrit à Genève en juin 1777. Le 17 même mois après avoir entendu lecture d'un procès-verbal du Seigneur auditeur *Claparède*, le Conseil de Genève condamna le libelle de Linguet à la suppression.

Cinq ans plus tard, soit le 14 avril 1783, le Conseil interdit au libraire Barde d'annoncer en public l'abonnement pour la lecture aux *Annales politiques* de Linguet, ce journal devant contenir des choses contre le Ministère de Versailles et contre le gouvernement qu'il serait dangereux de laisser rendre publiques.

Le Docteur Favre ayant sa femme dans une position intéressante, Bérenger terminait sa lettre du 11 juin 1778 en le saluant de toute la sincérité de son cœur, lui souhaitant de ne point ressentir les suites du péché d'Adam et d'être aussi heureux qu'il était digne de l'être.

* * *

A Lausanne, Bérenger vivait en solitaire relégué dans une petite campagne et toujours renfermé dans sa famille. Ses relations de voyage, divers travaux littéraires ainsi que ses correspondances absorbaient tout son temps. Il s'entretenait fréquemment avec M. Favre de la politique genevoise à propos des divisions entre Représentants et Négatifs. Il s'agit de définir en quoi consiste l'autorité du Conseil général :
« Ceux-ci, dit Bérenger, reconnaissent que le Conseil général
« est souverain dans toutes les matières qu'on lui porte, et
« ceux-là disent que rien ne peut être porté au Souverain qui
« n'ait été traité et approuvé par les Conseils. Or, entre ces
« deux opinions je ne vois qu'un être métaphysique, un nom
« qui les sépare. En voyant les choses de sang-froid, je crois

« qu'il serait bien facile de se rapprocher, » (Lettre du 18 novembre 1779).

L'année suivante, dans sa lettre du 19 mars, la politique semble inspirer du dégoût à Bérenger : « J'ai toujours eu, « écrit-il, plus de plaisir à voir jouer qu'à jouer moi-même. » Il passe aux nouvelles : « Le journal *De Félice* est mort ou « suspendu, j'en suis fâché pour ma part. Je regrette surtout « de n'avoir plus rien du journal de *Rozier* (1), dont je « préférais bien des articles à ceux de cette littérature banale « qui en remplissait au moins le tiers. — Bérenger a colla- « boré à l'*Encyclopédie* soit *Dictionnaire universel raisonné* « *des connaissances humaines,* » imprimé à Yverdon et formant quarante-deux volumes. *De Félice*, Fortuné-Barthélemy, était un publiciste distingué, né à Rome le 24 août 1723 ; il avait établi à Yverdon un pensionnat ainsi qu'une imprimerie qui acquit une réputation européenne. De Félice est décédé le 15 février 1789.

Le 4 avril 1780, Bérenger se réjouit de ce que l'abbé *Raynal* a parlé avec chaleur à des Représentants en faveur des Natifs et contre l'édit de 1770. Ce contentement lui fait tenir ce vigoureux langage : « Je sens que j'aurais pris le « parti du peuple, je n'aime pas les grands, j'en ai vu assez « pour connaître leur orgueil, leurs mœurs, leur mépris « intérieur pour tout ce qui n'est pas grand ou riche comme « eux, j'en ai vu qui cachaient entre eux des faits qu'ils « allaient gravement punir sur un misérable, etc..... Tout « enfin m'a fait désirer non pas que le peuple fût maître,

(1) L'abbé *Rozier*, Jean-François, agronome, fondateur du *Journal encyclopédique*, est né à Lyon en 1734. Curé constitutionnel de la paroisse des Feuillants, il a laissé un certain nombre d'ouvrages de chimie, d'agriculture et de botanique. Il périt écrasé par une bombe pendant le siège de Lyon, en 1793.

« mais qu'il n'en eut pas, que les grands fussent aussi soumis
« aux lois que les individus, qu'ils n'eussent pas trop les
« coudées franches. Si l'on m'élisait pour médiateur je crois
« cependant que je serais juste et impartial, que je ferais aussi
« bien que *M. de Lautrec*, mais je vois qu'il me manque un
« titre et que je n'ai que celui de médiateur de ma famille. »

Puis, Bérenger compare son mode de vivre avec celui de
son correspondant *(M. Favre)* :

« En vérité, mon ami, votre vie est bien vagabonde com-
« parée à la mienne : si je vous faisais l'énumération de mes
« courses pendant une semaine, vous trouveriez que de grand
« matin et le soir j'ai fait un tour de jardin, qu'après dîner
« j'ai été avec ma compagne et mes deux enfants sur une
« roche du Signal, que là pendant que les bambins font des
« maisons de sable, de mousse, nous contemplons le lac,
« nous comptons les chevaux qui passent sur le chemin de
« Berne et nous nous enrichissons en supposant que chaque
« cheval nous rapporte mille francs, que chaque barque à
« la voile nous en apporte deux mille. Quelquefois nous y
« lisons, puis nous nous amusons des amusements des enfants
« et quand nous avons passé ainsi trois quarts d'heure, nous
« revenons, je reprends mon œuvre. Voilà tous mes voyages,
« je ne fais guère celui de la ville qu'une fois par mois, mais
« il faut pourtant que je me secoue un peu : une vie trop
« sédentaire m'appesantit ; je ferai ma tournée ordinaire dans
« quelque temps et alors je pourrai vous faire une visite qui
« ne sera ni de deuil, ni d'intérêt, ni de nouvelliste. »

Les nouvelles de Genève ne sont pas abondantes, selon
Bérenger. Le 19 juin 1780, il parle de *Cornuaud* qu'on lui dit
avoir été houspillé dans deux brochures ; l'une le fait un peu
grossièrement, l'autre avec plus de sel. Il déclare n'avoir rien
vu de tout cela et n'en pleure pas. En septembre, c'est le

procès de *Rilliet* qui occupe tous les esprits et Bérenger ajoute à cette nouvelle : « *Cornuaud* cependant, l'infatigable *Cor-* « *nuaud*, y a toujours, dit-on, une diarrhée effroyable de « brochures. L'odeur n'en vient point jusqu'à moi. (Lettre du 30 septembre 1780).

C'est en novembre de cette année, qu'ensuite de procédés dégoûtants de malhonnêteté, d'accusations bien méchantes, bien atroces, Bérenger publia une brochure portant sa signature, sous forme de *Lettre sur les Natifs de Genève*. Il en reçut des reproches de quelques amis, de Favre en parti- culier auquel il répondit le 20 novembre : « Je le sens, je ne « puis le changer et quoiqu'on me fasse, quelque danger que « je courre, je serai toujours prêt à signer que les Natifs « doivent être vraiment neutres, que la réélection n'est pas « une loi sage, que la République est indépendante et que « ceux qui se refusent à tout accommodement honnête, hono- « rable, consenti et formé dans le sein de la République, sont « de mauvais et méprisables citoyens. Lisez-moi, critiquez- « moi, mais surtout plaignez et aimez-moi. »

* * *

Bérenger eut de fréquentes relations avec le statuaire Etienne-Maurice *Falconnet* (1), élève de *Lemoyne*, et membre de l'académie des beaux-arts. Il le reçut à son domicile, l'aida de ses conseils et de ses directions pour la publication de l'*Histoire de l'art*, œuvre importante qui parut en six volumes à Lausanne, en 1781. Bérenger appréciait fort cet artiste. « Il a en effet beaucoup de goût, exprimait-il dans sa

(1) Né à Paris, en 1716, de parents pauvres, devint bourgeois de Vevey. C'est Falconnet qui exécuta à Saint-Pétersbourg la belle statue équestre de Pierre-le-Grand. Il est décédé en 1791.

« lettre du 19 juin 1780 à *M. Favre* ; il faut l'entendre
« raisonner sur la peinture, la sculpture. Il est très instruit
« et ce qu'il dit, on le sent….. C'est réellement un homme
« estimable et même agréable car il est presque toujours fort
« gai et sa gaîté n'est pas bête, il s'en faut. Je voudrais le
« mener un jour à Rolle mais je ne sais si je pourrais réussir,
« c'est un ours…… »

En septembre 1780, Bérenger parvint enfin à décider *Falconnet* à se rendre auprès de M. Favre, à Rolle. Il lui remit le 27 une lettre ainsi conçue :

« M. Falconnet me demande une lettre pour vous, mon
« ami ; c'est un titre pour vous faire une visite : en a-t-il
« besoin ? Ce qu'il est lui assure la considération que vous
« aurez pour lui. Il part et je le vois s'éloigner avec un vif
« regret : il est un homme de bien, et sous ce titre il restera
« plus longtemps dans mon souvenir que sous la relation d'un
« homme de génie. Peut-être je ne le reverrai plus, mais je
« m'en souviendrai toujours. Je voudrais le suivre partout
« pour le faire jouir des attentions qu'il mérite. Je n'ai
« pas besoin de vous le dire pour que vous en ayez pour
« lui. »

. . . .

Bérenger contribua aussi à encourager un de nos historiens genevois, Mallet-Du Pan. (1) Il parle souvent en sa faveur

______

(1) **Mallet-Du Pan**, Jacques, publiciste, né à Céligny en 1749, ami de **Voltaire**, écrivit en faveur de **Linguet**, qui, plus tard, chercha à l'accabler en 1782. Il fut condamné à mort, par contumace, par le Tribunal révolutionnaire de Genève, en 1794, comme libelliste, puis fut exclu du droit de devenir citoyen français en 1798, lors de la réunion de Genève à la France. Il se retira alors à Londres, où il fonda le **Mercure britannique**. Il mourut chez le comte **Lally-Tolendall**, à Richemond, le 10 mai 1880. — Un autre Mallet (Paul-Henri), historien genevois, se réfugia à

auprès de ses plus intimes relations. Le 16 décembre 1780, il fit à *M. Favre* l'éloge de son ouvrage *« Idées soumises à l'examen de tous les conciliateurs par un médiateur sans conséquence »* (Genève, in-8° 1780). — Bérenger suivait avec attention les publications de son compatriote sur lequel il porta ce jugement dans une lettre du 12 juin 1781 à propos d'un article sur *Necker*, inséré dans les *Annales politiques, civiles et littéraires du XVIIIᵉ siècle »* que *Mallet-Du Pan* continua sous le nom de *« Mémoires historiques, politiques et littéraires sur l'état présent de l'Europe.* « Il me semble, dit Bérenger, que « s'il peut prendre un style plus châtié, plus facile, un peu « plus clair ; Mallet deviendra un de nos meilleurs écrivains. « Je souhaite vivement que le succès l'encourage et le dé- « dommage. »

** * **

L'année 1781 s'ouvrit sous des auspices favorables au retour de l'exilé Dérenger. Dans une très humble et très respectueuse représentation des citoyens et bourgeois représentants, remise aux seigneurs syndics le 24 janvier, ils faisaient ressortir les conséquences de l'attitude des Négatifs qui leur imposait la nécessité de détruire, par l'exposition de la vérité, le contenu de leur réquisition du 12 janvier. Ils reprochaient aux Négatifs d'avoir, dans leurs déclarations du 9 novembre et 7 décembre 1780, osé rejeter sur les citoyens et bourgeois représentants ou sur ceux qu'ils affectaient de considérer comme leurs chefs contre la connaissance qu'ils avaient eux-mêmes des faits le blâme d'avoir provoqué une intervention étrangère.

Rolle, tandis que la Révolution s'emparait de ses biens en 1792. Ce dernier est né à Genève le 20 août 1730 et décédé dans cette ville, le 8 février 1807.

Les pétitionnaires attribuaient aux Négatifs d'avoir été, par leurs menées, la source des mouvements qui troublèrent la République, et ils déclaraient que si l'indépendance de l'Etat est un bien sacré pour tout citoyen, ce n'était pas en la foulant aux pieds que les Négatifs calmeraient les agitations qu'ils avaient fait naître et qu'ils cherchaient à entretenir. Après les importantes considérations soumises au Conseil, ils lui proposaient une incessante amélioration du sort des différents ordres d'individus, que les natifs privés de leur patrie y soient rappelés, que réunis à leurs compatriotes, ils jouissent des mêmes biens conjointement avec les citoyens et bourgeois.

S'il est vrai, disaient-ils, que ce soit aussi là le désir des Négatifs, si cet attachement dont ils parlent n'est point chez eux un sentiment dérisoire, qu'ils cessent de nous repousser par leur conduite tout en nous pressant d'aller à eux, qu'ils cessent de solliciter une intervention étrangère, là où il n'existe de difficultés que celles qu'ils ont suscitées, et que le moindre patriotisme de leur part ferait disparaître ; qu'ils cessent d'invoquer la force, là où les raisonnements les abandonnent ; qu'ils se montrent enfin citoyens. Nous pourrons croire alors à leurs protestations et nous nous efforcerons d'oublier tous leurs torts envers la patrie.

L'intervention désignée par le règlement de 1738 était l'objectif du gouvernement, aussi une nouvelle représentation fut-elle adressée au Conseil le 1er février 1781 par la généralité des citoyens et représentants. Nous sentons, exprimait-elle, qu'il en coûte aux membres du Magnifique Conseil pour combattre des vues dans lesquelles leurs proches, leurs amis, les personnes qui composent leurs sociétés journalières se trouvent engagés. Mais quand ils s'assirent dans ces places qui donnent à leurs opinions un si grand poids sur tout ce qui concerne la chose publique, ils jurèrent de n'avoir devant les yeux que les lois, la justice, la liberté et l'indépendance de la patrie. A quelques désagréments que puisse l'exposer sa fidélité envers elle, le Magnifique Conseil ne peut plus différer de joindre sa voix à la nôtre, pour déclarer qu'il n'existe rien, absolument rien dans l'Etat qui exige une médiation et moins encore un exercice de la garantie.

C'était cette déclaration qu'attendaient la très grande pluralité des citoyens, bourgeois, natifs, habitants et sujets comme une suite nécessaire de la protestation faite par le Conseil à la face de la patrie dans son préambule de projet de conciliation du mois de décembre 1780.

Ces fermes représentations provoquèrent l'édit du 10 février, sanctionné par le peuple, qui par son article 13 au chapitre III contenait cette formule de réintégration des natifs :

« Ceux des natifs auxquels il avait été enjoint de se retirer
« de la ville et du territoire, auront la faculté d'y rentrer et
« seront réintégrés dans leur état de natifs, en prêtant entre
« les mains du Petit Conseil le serment de fidélité à l'Etat, de
« soumission aux lois et d'obéissance aux magistrats. »

Le chapitre IV du susdit édit était réservé au titre *Acte d'oubli* en vertu duquel, pour procurer un entier rétablissement de la paix et de l'harmonie, tout ce qui avait pu être dit ou écrit de répréhensible relativement aux dissensions, était mis dans un entier oubli ; personne ne pouvait être recherché à l'avenir. Dérogation expresse à ces fins était faite aux jugements rendus à cet égard depuis le 18 janvier 1781.

Bérenger fut donc relevé de toute peine et, en ce qui le concernait personnellement, le Conseil en fit la déclaration dans sa séance du 13 février.

* * *

Il est intéressant de connaître quelle était, à cette époque, la composition de la population de la cité genevoise. D'après le dénombrement opéré en juin, les rôles des vingt-sept dizaines de la Ville présentent les résultats suivants :

Citoyens ou bourgeois.		2,965
Natifs de tout âge		3,800
Habitants.		1,355
Femmes et filles des citoyens, bourgeois, natifs et habitants		9,805
Simples hommes		1,344
Domiciliés, femmes.		1,212
Étrangers { Protestants	1,103	
{ Catholiques romains	371	
{ Femmes	246	4,252
Domestiques { Hommes	256	
{ Femmes	2,276	
	Total.	24,733

* * *

Bérenger avait donné son approbation aux réformes proclamées par l'édit du 10 février. Il développa dans une brochure de 60 pages, in-8°, ses considérations sur cet acte si important à l'application duquel le Conseil réservait une opposition toute systématique. Cette remarquable publication est précédée d'un avis aux lecteurs : l'idée de la paix dans la patrie en est la note dominante.

Bérenger y combat ce penchant qui existe encore dans les coteries politiques de notre temps, celui de condamner un parti pour justifier l'autre. Il fait appel aux Genevois de tout rang et de tout ordre, et les supplie, pour l'amour de la patrie et d'eux-mêmes, de se souvenir que le principe, l'unique principe qui serve de base à la liberté et à l'indépendance d'une petite république, c'est selon tous les hommes de sens et l'immortel Montesquieu, la *Vérité*.

Il voyait dans cet édit l'union tant désirée des natifs, des habitants et des sujets de l'Etat aux citoyens ; son effet, disait-il, ne blesse point les riches, les familles respectées ou par leur ancienneté ou par leurs services, car leur intérêt est devenu le même que celui de tous les autres individus de l'Etat.

L'édit maintenait, conservait, ranimait l'esprit national. Quand cet esprit national n'existerait plus à Genève, il faudrait l'y faire revivre, car, selon Bérenger, c'est l'esprit vraiment conservateur de l'Etat et plus il y a de causes qui tendent à le détruire, plus on doit lui donner de nouveaux appuis. Bérenger ne ménageait pas ses riches adversaires ; déjà la plus grande partie d'entre eux ne sont plus Genevois, pour ainsi dire ; ils tâchent d'atteindre à l'amabilité, à l'élégance française, ils en ont les mœurs, le brillant, la légèreté et surtout dans les manières de voir et leur exemple devient contagieux ; les uns ne se marient point pour ne pas diminuer leur fortune ; les autres ne se marient que pour l'accroître ; tous en craignent le partage par le nombre de leurs enfants ; ils ne sont plus ainsi républicains, citoyens, ils veulent être des grands. Et si l'on n'admet pas des lois dont l'effet soit de répandre plus d'énergie dans l'âme des autres Genevois, qui encouragent leur industrie et enflamment cette activité qui crée sans cesse des ressources à des arts, à un commerce d'économie et fassent renaître de nouvelles branches au tronc nourricier à mesure que les révolutions font dessécher et tomber les anciennes, on ne verra bientôt dans nos murs que des grands et des petits ; on n'y verra que la pauvreté rampant autour des fortunes colossales pour s'en alimenter, et aux ressources des âmes honnêtes et indépendantes, substituer l'adresse du vicieux et du bas flatteur.

Bérenger considérait la misère comme un facteur qui avilit l'âme, et l'opulence comme un facteur qui la corrompt et dans l'intervalle qui sépare ces deux extrêmes, dans cet état moyen, qui est le foyer où s'entretient l'esprit national, l'amour de la patrie, on ne trouvera plus personne, estimait-il, ou du moins trop peu de vrais citoyens pour se faire apercevoir, ou moins encore pour se faire entendre.

Tous les avantages que réunissait l'édit au point de vue des intérêts populaires bien entendus, composaient l'intéressant sujet des considérations de Bérenger.

Cornuaud (1) ne lui pardonna pas cet écrit dans lequel Bérenger, rejetant ses propositions, faisait comprendre aux natifs combien leur union avec les représentants devenait indispensable, parce qu'à ses yeux c'était le parti du pauvre contre le riche, du faible contre le puissant, de l'opprimé contre l'oppresseur et surtout celui la patrie et des mœurs que la liberté conserve en ne reconnaissant d'autres distinctions que celles du mérite. Aux virulentes lettres de Cornuaud des 6, 13 et 20 juin 1781, Bérenger répliqua toujours avec la plus grande dignité et c'est ainsi qu'il agit envers tous ses adversaires. Il savait qu'il avait à redouter des hommes puissants, mais il savait qu'il n'avait rien à craindre des hommes

(1) *Cornuaud*, Isaac, originaire du Poitou, né à Genève le 13 août 1743, fils de Gaspard et de Madeleine *Gaudi*, décédé à Genève le 5 décembre 1820, joua un rôle important comme chef des *Cornualistes*. Son insistance à réclamer l'intervention des puissantes garantes causa l'occupation de Genève à la fin de juin 1782 par les armées française, sarde et bernoise.

justes et cette persuasion le rassurait. Les lettres de Bérenger datent des **28 mai, 8, 9 et 13 juin 1781** ; ajoutons que la très humble et très respectueuse déclaration des natifs et des habitants remise aux seigneurs syndics le **19 juin 1781** fut rédigée par Bérenger.

Cornuaud lui opposa un mémoire (juin **1781**). Notre historien *D'Yvernois* a témoigné de l'effet salutaire produit par les écrits de Bérenger : Les leçons patriotiques de Bérenger, dit-il, et la profonde moralité de celui qui les donnait éclairèrent l'élite des natifs et enlevèrent à Cornuaud presque tout ce qu'il traînait encore d'honnêtes gens à sa suite.

Bérenger fut cependant l'objet de vives attaques de la part des partisans de Cornuaud. En février **1782** le Conseil dut faire saisir et supprimer les exemplaires d'une brochure intitulée : *Lettre à M. Bérenger, auteur du discours, etc.....* (1)

---

(1) Au nombre des brochures condamnées à être lacérées et brûlées par l'exécuteur de la justice, on remarque :

L'Informateur, de l'imprimerie des citoyens, exécutée le 30 mars 1782.

Le Négatif encore meilleur, exécutée le 12 janvier 1782.

Pièces importantes, relatives à la dernière révolution, exécutée le 3 août 1782.

Tableau historique et politique de la dernière révolution de Genève, par *Mallet-Dupan,* l'ainé, supprimé, avec interdiction à Mallet d'insérer dans ses *Annales* quoi que ce soit de relatif aux affaires de Genève.

Brochure imprimée par *Astruc,* précédée d'un Avertissement et d'une Lettre aux seigneurs plénipotentiaires, condamnée le 16 novembre 1782.

Examen de l'ouvrage des Illustres seigneurs plénipotentiaires, etc., daté de Genève le 1er décembre 1782, signé A.-G. Binet. Saisie et supprimée, séance du 18 décembre 1782.

Emigration de Genève pour aller s'établir en Barbarie, par Abraham-Gédéon Binet ; *manuscrit* saisi et supprimé en décembre 1782.

Tableau historique saisi chez la veuve D'Yvernois, décembre 1782.

A l'esprit de justice de Bérenger, *D'Yvernois* rendit encore hommage dans son *Tableau des Révolutions.*

« Ai-je fait de ma patrie un tableau digne d'intéresser le
« grand nombre des lecteurs ? Je suis bien éloigné de m'en
« flatter ; ce n'est qu'aux hommes instruits que je le présente
« et quoiqu'il n'offre en apparence que des débats entre une
« petite communauté et ses syndics, les vrais observateurs ne
« dédaigneront point d'en approfondir les causes et sentiront
« peut-être la justesse de ce vers dont M. Bérenger a fait la
« devise de son « Histoire de Genève » : *Admiranda tibi*
« *levium spectacula rerum.* »

* * *

L'édit du 10 février 1781 ne fut pas respecté par les magistrats. Le 2 mai, 1,096 citoyens ou bourgeois représentants transmirent une réquisition aux seigneurs syndics et au Procureur général pour exprimer la vive douleur qu'ils éprouvaient en voyant, sans exécution, les divers articles relatifs à l'amélioration du sort des natifs, des habitants et des sujets de la république. Ils demandaient avec instance que l'acte de la volonté souveraine reçut son exécution sans délai.

Le Conseil resta sourd à ces justes sollicitations. Le 18 mai, il manifesta catégoriquement son opinion sur ce point si délicat, en affirmant qu'il ne pouvait envisager l'édit comme une loi de l'Etat vraiment émanée de la volonté souveraine puisqu'il le considérait comme un acte opéré par la contrainte où les formes prescrites par le règlement de la médiation de 1738 furent violées et auxquels les Petit et Grand Conseil se virent réduits à souscrire sans examen pour éviter les malheurs dont l'édit était menacé. Un pareil édit, ajoute le Conseil, ne peut subsister plus longtemps que les jours d'anarchie qui lui donnèrent naissance, « et le Conseil, devenu libre, ne saurait l'exécuter sans trahir ses devoirs envers la patrie. »

Les Etats de Zurich et de Berne partageaient l'opinion du Conseil sur la manière d'envisager l'acte du 10 février. Ils allaient jusqu'à faire entendre que les seules concessions désirables aux natifs, habitants et sujets, sont celles qui, étant faites du libre consentement de tous les Conseils et liées à la Constitution, seront consignées dans le règlement qui terminera les dissensions et qui sera garanti par les augustes puissances, auxquelles, à l'aide de la divine providence, on devra le retour d'une paix et d'une prospérité durables.

Le roi de France, garant du traité de 1738, se joignit à cette opinion, selon lettre signée *Castelnau*, du 28 mai 1781.

La non observation de l'édit produisit une grande fermentation. Le 8 avril 1782, il y eut prise d'armes. Le représentant de la France, Castelnau, se retira de Genève le 10 avril, sur l'ordre du roi qui ne jugeait pas de sa dignité de laisser personne accrédité de sa part dans une ville dont une faction s'était emparée. Le Conseil dissous ne fut réintégré dans ses fonctions qu'à partir du 4 juillet ensuite de l'intervention de leurs majestés très chrétienne et sarde et du louable canton de Berne, dont les troupes occupèrent Genève. Celles de France étaient placées sous les ordres du marquis de Jaucourt, maréchal des camps et armées, gouverneur des villes et comté de Blaye et du fort Médoc ; celles de Sardaigne sous les ordres du comte Ferrero de la Marmora, chevalier de l'ordre de l'Annonciade, lieutenant-général des armées et grand-maître de la maison royale ; celles de Berne sous le commandement du baron de Lentulus.

Une commission désignée pour travailler à la pacification reçut pour mandat de prendre pour base des concessions à accorder, l'édit de 1738 auquel seraient adjoints un petit nombre d'articles nouveaux qui devraient être combinés avec cet édit. Ce fut donc là le germe de l'édit de pacification du 21 novembre 1782. Mais, par cet édit, on ne tint aucun compte des réclamations sans cesse renaissantes relatives à la publication des lois politiques organiques, depuis si longtemps réclamée, malgré l'édit de pacification de 1738 qui l'avait solennellement promise et par suite d'un vote du Conseil général. Ainsi que le fait remarquer notre éminent jurisconsulte, Antoine *Flammer*, dans son travail, *Le Droit civil genevois dans son développement historique* (1), la collection des édits de 1713, reproduction presque textuelle des édits de 1568, demeura en conséquence le code définitif des lois de la République genevoise, en matière civile, jusqu'au 14 novembre 1791, époque où le nouveau code genevois fut sanctionné et réalisa enfin le vœu formulé d'une collection complète de nos lois politiques (2).

L'édit de pacification du 21 novembre 1782 confirma l'annulation des condamnations prononcées contre Bérenger par son *Titre XVIII, loi sur les natifs exilés en 1770*, dont voici la teneur :

« L'exil prononcé en 1770 contre huit natifs sera regardé
« comme nul et non avenu ; en conséquence, ils seront censés
« n'avoir jamais été déchus de leurs droits de natifs, et leurs
« enfants nés pendant cet exil seront réputés natifs. »

* * *

La restauration du gouvernement aristocratique par les puissances médiatrices réduisit un certain nombre de

---

(1) *Bulletin de l'Institut national genevois*, t. XX.

(2) Le projet de Code fut élaboré par les Syndics avec le précieux concours de MM. Dunant et Thellusson.

Genevois du parti démocratique à s'éloigner du pays. Bérenger
avait pressenti les difficultés de la situation politique ; il resta
fixé à Lausanne. En effet, dans une lettre du 5 janvier 1781,
il voyait avec douleur les dissensions se prolonger à Genève.
« Et qui sait quand elles finiront et comment, disait-il !
« L'affection vive et sincère que j'ai toujours conservée pour
« ma patrie me prépare encore bien des chagrins. Jamais ne
« la verrais-je paisible et heureuse !..... Peu importe qu'on
« me rappelle ou ne me rappelle pas. Je n'ai depuis quelques
« années formé aucun projet pour rentrer à Genève. Je
« cherche une retraite paisible où je puisse passer tranquil-
« lement mes jours et je le puis aussi bien et mieux dans ce
« pays qu'à Genève. » — Et malgré ce profond désespoir, le
21 janvier, Bérenger donnait cette note affirmative de son
inséparable attachement à sa cause : « Je m'intéresserai
« toujours pour le peuple : il est os de mes os et chair de ma
« chair. ».....

« Le ministre *Royer* et sa femme sont épouvantés de se
« voir à Genève dans ces circonstances et ne désirent rien
« avec plus de chaleur que de s'en éloigner. »

Mottu, l'un de ses compagnons d'exil, mourut le 13 novembre 1780 ; Bérenger eut la douleur d'apprendre que l'on
avait profité de son agonie pour enlever ses papiers et y
recueillir les lettres qu'il lui avait adressées, pour y chercher
de quoi justifier la haine de ses adversaires politiques. Dans
l'une de ces pièces, Bérenger en parlant de la *Neutralité*
appelait *Cornuaud un dictateur*. Ils osent, disait-il, se servir
de ces lettres pour me dénigrer : si je les avais, je m'en
servirais pour me défendre.

Afin de n'être mêlé en rien aux évènements de Genève,
Bérenger se retira quelque temps en Savoie. Il s'y occupait à
corriger ou à fortifier son *Histoire de Genève*. On lui avait

procuré la facilité d'avoir de gros volumes d'*Extraits des
registres du Conseil* et de la grande *Histoire manuscrite du
Conseiller Gautier*. Mais, avoue-t-il dans une lettre datée de
Lausanne du 20 novembre 1782 où il était rentré le 17 septembre 1781, il entendit un jour sonner le tocsin et il vint à
Genève par le pont de Sierne, y calma le désespoir de quelques
personnes qu'il savait portées à tout tenter et à tout braver.

Son propre désespoir à l'égard d'une amélioration politique
à Genève n'avait fait qu'augmenter dès lors et il l'expose ainsi
crûment à son confident, le docteur Favre.

« Quant à mes idées politiques, je les ai crues bonnes
« et vraies, je les crois telles encore ; elles ne tendaient
« point à approuver une démocratie à Genève, ni même tout
« ce qui s'y est fait pour maintenir l'égalité politique ; mais
« telles qu'elles sont, elles ne peuvent plus me faire envisager
« Genève comme ma patrie. Les lois qu'on lui prescrit, la
« manière de les lui prescrire, tout me la rend étrangère et
« très sûrement je ne quitterai pas le lieu où je suis pour m'y
« transporter. »

Pauvre Bérenger ! Écoutons-le par cette lettre du
20 novembre 1782 et dans laquelle il reconnaît que son
éloignement de Genève est devenu une nécessité aussi bien
pour son propre repos que pour celui de la République dans
le sein de laquelle il voudrait voir une efficace restauration
de paix et de prospérité.

« J'ai vu le moment où je pouvais faire un rôle à Genève,
« j'y arrivai de Grenoble et je m'y suis refusé. J'y ai vécu
« ignoré, je suis bien vu partout ; j'allais quelquefois chez les
« chefs pour être au courant des affaires ; on y parlait avec
« confiance devant moi, mais je ne suis entré dans aucune
« opération. Je voyais mes amis le soir comme en pleine
« paix et ces amis sont d'honnêtes gens qui n'avaient pas

« d'influence. Je m'y suis instruit, mais sans y faire un per-
« sonnage. Jamais je n'ai eu cette manie, jamais je ne l'aurai.
« Je suis bien ici, j'y resterai; au moins jusqu'à ce que je
« trouve mieux et cela n'est pas facile. J'y suis aimé de ceux
« qui m'y connaissent, je n'y ai point d'ennemis. Voilà
« comme je veux passer ma vie et comme je la passerai.
« Si vous me conservez votre amitié, j'en serai plus content
« encore. »

* * *

C'est à Paris que Bérenger fit éditer en 1782 un roman
politique en deux volumes relatif aux troubles de Genève. Cet
ouvrage porte pour titre : *Les Amans républicains ou lettres de
Nycias à Cynire*. D'un style admirable, touchant, qui rappelle
l'antiquité et sa noblesse, l'auteur, après une série de correspondances, remercie sa compagne de lui avoir fait voir en
frémissant l'abime dont il venait de sortir, sur les bords
duquel il se sent ferme et qu'il s'apprête à quitter pour voler
dans les bras de sa plus fidèle amie. Les vrais jours de
bonheur vont renaître pour ces deux époux et leurs âmes
resteront unies dans le cours paisible et doux de la vie
nouvelle qui doit leur devenir commune. Dans sa dernière et
délirante missive, l'époux dit à sa compagne : « Je m'amuse
à t'écrire et peut-être tu me verras avant ma lettre. Je
prépare tout pour hâter mon départ. Adieu. »

Bérenger publia ensuite la *Collection de tous les voyages
faits autour du monde par les différentes nations de l'Europe*.
Ce magnifique et consciencieux travail en neuf volumes ornés
de figures, fut édité à Paris chez *Poinçot*, à Lausanne chez
*P. Heubach et C*ᵉ et à Genève chez *François Dufart*, libraire,
en 1788. Les voyages décrits sont ceux de Fernando Magellan,

Sir François Drak, capitaine Thomas Cavendish, d'Olivier de Noort, Georges Spilberg, Jacques Le Maire, Jacques l'Hermite, capitaine Clippington, Genelli Carrevi, capitaine Shelvock, Dampier, Cowley, Woode Rogers, le Gentil, Commodore Anson, capitaine Wallis, Roggewin, Commodore Byron, capitaine Carteret, Pagès, de Bougainville, de Surville et trois voyages de Jacques Cook.

M. *Marc-Théodore Bourrit* attribue à Bérenger la traduction de l'ouvrage de *John Howard* (1), philanthrope anglais, intitulé: *Etat des Prisons de l'Europe*, 1788, deux volumes in-8°. Cette traduction est due à Mademoiselle *Louise de Kéralio* (2), fille du littérateur *Louis-Félix Guinement de Kéralio*, la même à laquelle on attribue les *Crimes des Reines*, auteur d'une *Histoire d'Elisabeth*, reine d'Angleterre, d'une *Collection des meilleures ouvrages composés par des femmes* (1786-1789), de plusieurs romans, et des traductions de l'allemand et de l'italien.

Bérenger a publié en 1790 une brochure sur l'amovibilité des fonctions publiques. Dans une lettre qui m'a été obligeamment communiquée par M. Dufour-Vernes, sous-archiviste, adressée le 15 juillet 1790 à M. le pasteur Vernes, maison des Trois-Rois à Genève, Bérenger lui expose qu'il a reçu plusieurs lettres au sujet de cette brochure : les citoyens extrêmes, dit-il, trouvent mon amovibilité trop faible; les aristocrates et une bonne partie des modificateurs n'en veulent point du tout. Je n'en suis pas persuadé qu'il est de l'essence d'un Etat libre qu'il y ait une assez forte amovibilité et qu'il n'y aura de paix à Genève que lorsqu'elle y sera établie ; je parle d'une paix vraiment stable. Je le crois, mais ne me

(1) Né en 1726, décédé en 1790.
(2) Née à Paris en 1758, décédée à Bruxelles en 1821.

tourmenterai point pour le faire croire : je n'y mets point un intérêt d'amour-propre. J'ai lâché mon écrit ; mais peu importe son sort : il me suffit qu'on y reconnaisse de bonnes intentions.

L'occasion d'obtenir enfin justice du Conseil pour la réalisation des vœux jusqu'ici formulés au nom des natifs par le groupe auquel s'intéressait Bérenger, semblait se présenter. Non-seulement l'idée de l'égalité politique groupa de fermes adhérents dans la ville, mais elle renforça ce groupe par des réclamants les plus influents de la campagne. Le Conseil eut, en juillet et août 1790, à s'occuper de diverses adresses présentées par des Genevois, d'une adresse d'un citoyen surnommé natif à ses compatriotes de la campagne et aux citoyens surnommés natifs et habitants de Genève, d'une lettre du citoyen Lossier. Il crut devoir prendre certaines mesures de précaution contre les imprimeurs en les rendant, par son arrêté du 4 octobre, responsables de leurs publications. D'autre part, M. Tronchin signala au Conseil les articles que publiait sur Genève le journal la *Gazette de France* et dans lesquels on signalait l'existence d'un parti nombreux à Genève qui, à l'exemple d'Avignon, voulait se donner à la France. Le Conseil fit mander un certain nombre de citoyens pour s'assurer de leurs dispositions.

Le 17 décembre 1790, Bérenger fit remettre à M. le premier syndic et à la noble commission du Conseil des Deux-Cents un mémoire rédigé et signé par lui auquel était joint un mémoire des Genevois de la campagne, rédigé par MM. *Grenus*, citoyen, avocat, membre du Conseil des Deux-Cent, et *Bousquet*, citoyen, avocat. Ce dernier portait les signatures de trente délégués des campagnes, soit : Une d'Avully, le procureur *J. Durand*; — une de Bourdigny, *Terroux*, procureur ; — une du Canelet, *A. Métral* ; — trois de Cartigny, le procureur

J.-C. Rasp et les conseillers *Jacob Varin* et *T. Dufour*; — une de Céligny, *J.-M.-L. Baud*; — une de Chancy, le procureur *J.-L. Revaclier*; — deux de Chêne, le procureur *J.-S. Cauffin* et *E. Brazier*; — une de Chouilly, le conseiller *J. Dutremblcy*; — deux de Cologny, *Jacques Proch* et *G. Rojoux*; — une de Crête, le procureur *Jacques-Michel Déléamont*; — une de Dardagny, *F. Ramu*; — une d'Epeisse, le procureur *J.-L.-M. Berthet*; — une de Genthod, le procureur *A.-D. Guignard*; — deux de Gy, le procureur *J.-A. Deléamont* et *Pierre Duvillard*, conseiller; — deux de Jussy, *J.-A. Olivet* et *Daniel Pittard*; — une de Malval, le procureur *A. Joly*; — une de Peissy, le procureur *A. Penay*; — une de Peney, le procureur *A. Pellegrin*; — une de Russin, le conseiller *J.-E. Vieux*; — une de Saconnex, *J. Vaillet*; — une de Satigny, le conseiller *C. Rey*; — une de Sionnex, le conseiller *M.-A. Desales*; — deux de Vandœuvres, *Guillaume Langin* et *Jacques Chambaud*.

Ce que demandent ces nombreux délégués, c'est de voir leur sort identifié avec celui de leur classe des Genevois de la ville, ils manifestent clairement leur pensée « que l'égalité politique peut seule assurer l'état de chaque membre de la République, qu'elle peut seule établir entre tous cette harmonie d'intérêt qui est l'unique base d'une paix inaltérable, Ils ne se gênaient point pour dire aux magistrats que la république les traita longtemps comme une mère ingrate, mais qu'ils ne cesseront jamais de l'aimer, qu'ils lui seront inviolablement dévoués, lorsqu'elle ne les repoussera plus de son sein et qu'ils ne formeront véritablemeut avec leurs frères qu'une seule et même famille.

Quand à Bérenger, il expose que l'espèce d'oubli dans lequel on laisse les natifs, a fait naître en eux un sentiment de douleur profonde. On parle de faire des lois librement concertées, librement consenties, des lois qui doivent faire la prospérité ou le malheur de la République et sa gloire ou sa honte, qui décideront du sort des natifs et celui de leur prospérité.

Genève est notre patrie, dit-il, c'est dans son sein que sont renfermés nos familles, nos amis, nos projets de fortune, nos espérances de bonheur ; nous ne reconnaissons de lois que les siennes, de magistrats que les siens ; nous payons toutes les impositions nécessaires à son administration ; nous aidons à la prospérité de ses manufactures et de son commerce ; nous partageons ses succès comme ses revers. Nous voguons avec le vaisseau de l'Etat, exposés aux périls qui l'environnent, ayant à craindre avec tous ceux qu'il porte, les tempêtes, les écueils, les naufrages qui peuvent l'aissaillir ; nous tendons au même port, et travaillons en commun pour le sauver. Et voyez, Magnifiques Seigneurs, voyez combien il doit nous paraître cruel d'y être regardés comme des étrangers dont on peut déterminer le sort sans daigner écouter ou leurs demandes, ou leurs plaintes !

Dans un Etat despotique, on pourrait régler notre sort en nous ordonnant le silence ; mais dans un petit Etat libre, dans une République où nous ne voyons que des frères, que des amis, pourquoi ne peut-on nous consulter sur des objets qui doivent nous intéresser également. S'il était des lois qui ne permissent pas de nous appeler et de nous entendre, elles seraient odieuses, elles seraient aussi injustes que cruelles.

Béranger après avoir passé à une étude des faits historiques, accompagnée de considérations à l'appui de la demande des natifs, ajoute : Ils ne sont plus ces temps où chez nous comme chez nos voisins, l'inégalité entre les diverses classes des citoyens était consacrée par les préjugés, justifiée par l'intérêt sous le masque de la raison. Tout annonce aujourd'hui qu'on parviendra à répartir entr'elles des droits égaux et des impositions égales. Et si dans ces temps mêmes, par l'action seule des principes que devaient avoir les citoyens, nous avons senti le désir, le besoin de l'existence politique, que sera-ce lorsque ce besoin nous sera donné au-dedans et que tout au dehors tendra fortement à nous l'inspirer encore ?

Bérenger traite magistralement dans ce mémoire les conséquences néfastes de l'inégalité et les effets heureux que consacrera l'égalité politique. La crainte de voir plus de pauvres, plus d'hommes sans éducation mêlés au souverain, si redoutée par les magistrats de l'époque, suscite à Bérenger ces nobles pensées :

« Ils savent bien que la probité est aussi unie à la pauvreté qu'à la richesse, et que les trahisons ne germent pas toujours dans le sein de l'ignorance et de l'obscurité. C'est au milieu des factions que les vices se déploient avec le plus d'énergie, et il y a peu de temps que l'Etat était déchiré par des factions violentes. Eh bien, que ceux qui nous repoussent, nous disent s'ils trouvèrent beaucoup d'hommes vils qui se soient vendus ou à eux, ou à d'autres.

Ce préjugé contre nous prit sa naissance dans les temps où nous étions éloignés des professions lucratives et du commerce; mais c'est l'exercice des droits civils qui conduit à l'aisance, à la fortune, à la faculté de donner une éducation soignée à ses enfants, et aujourd'hui tout est égal sur ce point entre nous et les citoyens. La seule différence est qu'il en est peu parmi nous qui doive quelque chose à ses ancêtres; mais celui qui se crée lui-même est bien aussi estimable que celui qui doit tout à ses pères.

L'usage financier de mettre à prix d'argent le droit de cité, le nom de citoyen qui n'exige pour le mériter que des vertus morales, n'est pas propre à éloigner les pauvres du Conseil

7

général, souvent il en augmente le nombre. Et l'enfant de la patrie qui en paya toujours les charges, auquel aucun tribunal n'infligea de peines, que des mœurs honnêtes ont rendu irréprochable aux yeux de l'organe des lois, ne vaut-il pas l'étranger riche qui vient acheter le droit de décider de son sort et de sanctionner les lois auxquelles nous sommes soumis, sans qu'on nous consulte même dans celles qui nous intéressent particulièrement.

S'il est possible de lire l'histoire de l'avenir dans celle du passé, on peut prévoir qu'il faudra enfin venir à cette égalité politique que nous demandons. Depuis vingt-trois ans, chaque agitation de l'Etat a forcé de nous en rapprocher, et aujourd'hui moins que jamais on ne pourra conserver des privilèges exclusifs. Ne serait-il pas plus noble, plus généreux, de faire par sagesse et par prudence, ce qu'on a toujours fait par nécessité, et de se donner la gloire de précéder les temps. »

Le Conseil reçut avec indifférence les mémoires de Bérenger et des habitants des Genevois de la campagne; il les laissa aux mains du syndic Lullin pour être communiqués aux seigneurs commissaires (Séance du 17 décembre 1790). Dans son procès-verbal du 7 janvier 1791, il remplaça les mots de Genevois de la campagne par celui de *sujets*.

. . . .

Ainsi que nous l'avons déjà constaté, le nouveau *Code genevois*, objet du vœu général depuis tant d'années, avait été adopté le 14 novembre 1791. Des journées orageuses précédèrent cette sanction populaire et la suivirent. Avant son adoption, Dumont, Lebeuf et Bérenger avaient envoyé au Conseil une *très respectueuse adresse* pour lui signaler l'existence de coupables menées contre la patrie. Dans cette requête, soumise au Conseil le 11 février, ils espéraient que le Conseil poursuivrait avec sévérité les auteurs de ces menées, afin qu'il n'arrête pas de vagues soupçons pouvant tomber sur des innocents. Les trois requérants sollicitaient le Conseil de faire une recherche exacte sur le nombre, l'état et les desseins de ceux qui s'étaient rendus sans intention hostile à la porte de Saint-Gervais, afin de juger si leur présence en ce lieu était liée avec un complot organisé.

En séance du 19 février 1791, le Conseil déclarait qu'il n'avait pas attendu la démarche de Bérenger et Cⁱᵉ pour ordonner des informations exactes sur les causes des dangers que la République avait courus et de ceux qui pourraient lui être suscités encore. Il reconnaissait que l'Etat devait son salut, après la protection divine, au zèle avec lequel les bons patriotes s'étaient réunis pour maintenir la tranquillité et l'indépendance et qu'il était persuadé que les sentiments patriotiques par eux manifestés dans leur adresse les animaient véritablement. L'adresse à laquelle il est ici fait allusion avait été remise au premier syndic par *Bérenger* et *Neff* de la part du Cercle du Tiers-Etat ; Bérenger et Neff sollicitaient l'égalité pour ceux de la campagne. (Séance du Conseil du 15 février 1791.) Le 16 février 1791, on rapporta au Conseil qu'il y avait beaucoup d'armes rassemblées au Cercle du Tiers-Etat, puis que les sieurs Dumont et Bérenger ont assuré que la veille, dans tous les cercles des natifs, on avait signé un engagement de ne rien faire qui pût troubler la tranquillité publique et que la Commission des natifs avait dessein de faire dire aux paysans qui s'attroupaient vers Cornavin qu'ils devaient se retirer.

Le Conseil reçut de nombreuses adresses de dévouement. L'une d'entr'elles marque le profond respect porté par le peuple genevois au verdict exprimé par le Conseil général : « Qu'elles qu'aient été notre opinion sur cet ouvrage, notre « devoir est aujourd'hui de le défendre. Le respect pour le

« vœu de la pluralité librement exprimé est un principe sacré
« pour tout républicain, et ceux même d'entre nous qui n'ont
« pas approuvé le Code genevois ne souffriront pas que la
« violence ou toute autre voie illégale soit employée pour y
« opérer des changements. »

* *

Les *réformes* espérées depuis si longtemps par Bérenger
étant en voie d'accomplissement, il n'hésita pas à recourir
auprès du Conseil pour obtenir sa bourgeoisie et en faire
profiter ses deux fils mineurs Jean-Charles, né à Genève le
3 mai 1782 et Benjamin-Paul-Joseph, né à Lausanne le
4 juillet 1785.

Sur le vu des conclusions du procureur général et dans sa
séance du 18 mai 1791, le Conseil arrêta de lui accorder sa
demande en l'astreignant à satisfaire aux prescriptions du
§ 5 de l'article 5 du titre XII de l'édit du 22 mars. Dans les
lettres qui lui furent expédiées et selon ordre du Conseil,
Bérenger et son fils Jean-Charles y sont qualifiés de citoyens,
tandis que Benjamin son autre fils est qualifié de bourgeois.
Bérenger prêta serment comme citoyen le 25 mai 1791.

* *

La considération qui entourait la personne de Bérenger et
ses talents le firent rechercher pour de hautes charges
publiques. Dès le mois de février 1793, il siégea dans l'Assemblée nationale où il avait été appelé par 2,616 suffrages

La charge d'*Hospitalier* lui aurait été dévolue en février 1793
sans son refus positif motivé sur la louable raison qu'il ne
voulait pas faire concurrence à l'un des aspirants, son ami.

Le 13 juillet suivant, il est élu membre du Comité provisoire d'administration et le lendemain désigné comme commis sur l'état des perruquiers. En 1794, il est successivement porté dans la liste des citoyens indiqués pour la grande Cour de Justice criminelle et la grande Cour de Justice civile, puis dans la liste pour l'office d'administrateur et de membre du Comité législatif. Il occupa la charge de syndic du 4 avril 1796 au 4 avril 1797, fut chargé de la présidence du Département des finances et de celle du Département de l'éducation nationale, de l'instruction et du culte public.

Bérenger présida le Conseil comme intérimaire ainsi que la direction de la Chambre des comptes et du Sénat académique. (Séances des 23 septembre et 13 décembre 1796). Il eut aussi la présidence du régiment de la garde nationale, arrondissement du Collège, par suite des élections des 23 novembre et 24 décembre 1796. Comme magistrat, Bérenger s'acquitta scrupuleusement de toutes ses fonctions. Aucun détail ne lui échappait, aucun intérêt ne devait rester en souffrance. Il n'épargnait aucune peine pour soigner les affaires publiques et donner une solution profitable même aux choses les plus ingrates. Le 9 mars 1795, il entretenait correspondance avec le ministre de la république de Genève à Paris, M. Etienne-Salomon Reybaz, (1) ancien pasteur réformé, valeureux collaborateur de Mirabeau. Dans ses missives il lui exposait la situation difficile faite à notre république par la perte des dîmes autrefois possédées par elle dans le Pays de Gex, soit par les pertes éprouvées sur les denrées par les Genevois, propriétaires dans le susdit pays, et il intercédait afin que Genève obtienne quelque dédommagement.

(1) Né à Nyon en 1737, mort en 1804. Auteur de divers travaux littéraires très-estimés et de *Stances sur la mort de J.-J Rousseau.*

« Pardon si je vous importune, disait-il au ministre après
« son minutieux exposé, mais je voudrais servir ma patrie,
« lui donner une base qui assure mieux son existence pour
« l'avenir et ce motif sera toujours une excuse suffisante
« auprès de vous. Je vous salue, j'espère pouvoir dire un
« jour, avec la reconnaissance qu'un Genevois devra à son
« bienfaiteur; ils vous doivent déjà beaucoup. »

A l'occasion de la mort d'un savant distingué, l'abbé
Raynal, (1) Bérenger rappelait au ministre genevois à Paris
les rapports d'amitié qu'il avait eus avec cette illustration et
les nombreuses lettres qu'ils avaient échangées. Voici deux
pièces y relatives, conservées aux archives d'Etat de Genève :

En avril 1796.

« Je n'attends pas, citoyen, le départ de C. La Planche (2)
pour vous répondre comme j'en avais d'abord le dessein ; il ne
part que dans quinze jours ou trois semaines et c'est trop tard
ou peut l'être.

Comment pouvez-vous croire qu'il soit utile que je voie vos
lettres pour être persuadé qu'elles sont dictées par le vrai
civisme, par un ami de l'indépendance et du bonheur de sa
patrie ? Je vous connais depuis trop longtemps pour en douter
un seul instant. Je crois que je me défierai de mes sentiments
avant de défier des vôtres et ce que je vous rapportais n'avait

(1) *Raynal*, Guillaume-Thomas-François, né à Saint-Geniez (Aveyron)
en 1713, était un prêtre catholique qui renonça au ministère pour s'attacher au parti des philosophes. Il a écrit d'importants ouvrages historiques et
philosophiques, dont plusieurs ont été condamnés à Paris ainsi qu'à Genève.
Marseille le nomma comme député du Tiers-Etat en 1788. — Raynal, fixé
en France, se rallia à la cause royaliste. Il mourut au Chaillot en 1796.

(2) *De la Planche*, Jean-Lazare, administrateur au Département provisoire de l'Education nationale en 1797, fut syndic en 1794, et ministre
de la République genevoise à Paris.

rien de contraire à ces sentiments. Ce n'est pas pour cela que je vous écris ; mais comme mon cœur en est plein, il fallait vous le dire avant tout. J'ai cherché la lettre de l'abbé Raynal que je citais : il me l'avait écrite de Paris peu de jours après qu'il y fut arrivé ; il m'avait écrit ensuite qu'il voulait venir finir ses jours avec moi ; j'avais demandé et obtenu de M. Clavière de le loger dans sa maison ; mais un décret ne lui permit plus de partir et il fut forcé d'attendre des moments plus favorables. J'ai cherché ces lettres et ne les ai plus trouvées. Après des informations, j'ai su que ma femme les avait trouvées mêlées avec d'autres *qui traitaient de politique genevoise dans l'insurrection de juillet 1794 pendant laquelle j'étais en Suisse* et qu'elle avait tout brûlé. Cependant comme j'en avais un très grand nombre écrites soit de *Paris*, à deux époques, soit de *Berlin*, de *Suisse*, de *Marseille*, de *Toulon*, j'ai fureté partout pour en trouver qui eussent échappé aux mains trop prudentes qui les livraient aux flammes ; j'en ai retrouvé deux, l'une que je ne vous envoie pas, *où il me pressait d'aller vivre avec lui près de Marseille, l'autre où il me promettait au moins une partie de ses manuscrits.* Le témoignage de personnes probes et hors de toute suspicion et qui ont vu la lettre brûlée pourrait me sauver du reproche d'avoir avancé un fait qui ne serait pas l'exacte vérité.

Au reste, je ne les réclamais pas pour m'en rendre le propriétaire ; je n'y ai des droits que par convenance. Je sais que le bon abbé promettait beaucoup soit aux libraires, soit à ses amis. Les seuls motifs que j'aie en serait le plaisir de veiller à leur impression comme j'ai veillé à celle de l'*ouvrage de M. Necker* qui est celui dont il est parlé dans la lettre que je vous envoie, et le seul intérêt est celui de mettre un imprimeur-libraire en état de me payer ce qu'il me doit. L'abbé lui en avait aussi promis l'impression en échange de services qu'il lui avait rendus gratuitement. Et je crois qu'il convient aussi de les imprimer en France.

S'ils sont corrigés ou changés, il ne faut pas craindre qu'on y mêle ici rien d'étranger, son manuscrit en ferait foi, on le conserverait et on pourrait toujours les comparer.

Je suis étonné que l'abbé n'ait pas reçu ses intérêts ; je m'en informais à M. Odier-Chevrier (1) à qui j'avais tout remis et qui m'a toujours dit que l'intérêt était payé, que la maison de Paris était chargée de la somme, que Roman m'a assuré qu'on avait été exact. Odier-Chevrier est un honnête homme avec qui je ne veux pas avoir de procès. D'ailleurs que ce soit lui ou la maison de Paris qui ait reçu, il a reçu en assignats, et peut me le rendre en même monnaie et les deux cent louis en valent moins d'un. Je consulterai sur ce point le frère ainé d'Odier-Chevrier qui doit venir ici, et qui aime je crois également son frère et moi.

Je remercie le citoyen Corsange de ses bonnes intentions ; veuillez les entretenir. Je suis obligé de finir ici ; M. Trembley vient m'offrir de porter ma lettre et de vous la remettre et je vais la lui remettre. Je me remets entre vos mains pour cet objet, faites comme vous le pourrez. Comme vous le voudrez tout sera bien par vous. Je vous salue avec les sentiments d'estime et de considération que vous méritez à tant de titres.

Tout à vous,   BÉRENGER.

P.-S. Je vous écrirai bientôt sur des objets différents. »

Lettre de l'abbé Raynal

« Je ne vous ai pas répondu plus tôt, mon ami, parce que vous me marquiez que vous partiez pour Lyon et que j'ignorais combien de temps durerait ce voyage.

(1) *Odier-Chevrier*, Jacques, fut député de Genève à Paris dans plusieurs missions.

Votre lettre s'est malheureusement égarée dans les fréquentes courses que j'ai faites durant l'été et il est possible que j'en oublie quelques articles.

On m'a remis les trois volumes. L'impression en est agréable, mais il eût été, ce me semble, à souhaiter qu'on y eût mis un petit avertissement qui indiquât d'où ces discours avaient été tirés. Il serait facile de l'ajouter aux exemplaires qui n'ont pas été distribués.

Il me paraît vraisemblable qu'on vous aura rendu un compte satisfaisant de l'entreprise que vous avez formée de concert avec les libraires de Lyon. S'il en était autrement, il faudrait renoncer à toute opération ultérieure.

J'ai refait à neuf la plupart des discours qui terminent l'*Histoire philosophique*, le reste de l'ouvrage est aussi arrangé. Je travaille à mettre au net l'Amérique septentrionale. Je prendrai des précautions pour qu'une partie de mes manuscrits vous soit remise après ma mort ; dans le cas actuel des choses, il m'est impossible de songer à leur impression.

Je vous prie de m'envoyer tous les noms de baptême de votre aimable famille. Lorsque vous apprendrez ma mort, vous vous adresserez à M. Ferdinand Grand, banquier à Paris, rue des Capucines, pour lui demander communication de mon testament.

J'ai conservé un souvenir très tendre de Mme Druon. Je voudrais bien l'avoir auprès de moi, mais l'avoir seule. Ce n'est pas que j'aie aucun éloignement pour M. Druon ; c'est un très honnête homme que j'estime beaucoup. Seulement je craindrais d'être en quelque manière étranger dans ma maison si le mari et la femme s'y trouvaient réunis. C'est une inquiétude peut-être mal fondée, mais je l'aurais. Vous me ferez plaisir d'en causer franchement avec Mme Druon, vous verrez ce qu'elle vous répondra.

7*

Ma santé va passablement, quoique je ne prenne qu'une fois de lait par jour, je mange des fruits dont quelques-uns sont exquis. On me prodigue toujours les soins les plus tendres dans l'excellente famille où je suis incorporé depuis dix ou onze mois. Cependant j'ai voulu la quitter plusieurs fois, sans en avoir jamais été le maître; il faudra bien à la fin y venir, *et ce sera vraisemblablement Marseille* qui obtiendra la préférence. J'y dois faire un voyage à la fin de ce mois ou au commencement du mois prochain.

Mes respects les plus tendres à Mme Bérenger et mille embrassements à vos chers enfants. Je ne pense jamais sans attendrissement au vertueux bonheur dont vous jouissez ; je pense que vous êtes toujours très content de votre fille adoptive. Vous m'avez inspiré des sentiments de bienveillance pour elle, vous savez, mon cher ami, tout ce que je vous suis. »

Raynal était fort en estime de Bérenger; il le recommanda à tous les hommes lettrés avec lesquels il était en relations. « Avez-vous, écrivait-il le 12 juin 1781 à son bienveillant « ami le docteur en droit rollois Favre, lu l'*Histoire de* « *Guillaume-Thomas Raynal ?* Je l'ai ouverte en divers « endroits : il fait grand plaisir à lire, mais il est un peu « enthousiaste. Son ouvrage fait certainement époque. Vous « savez qu'averti du sort qui l'attendait, il s'est mis à couvert. « J'aurai voulu qu'il fût venu près de nous ; quoique causeur, « il est très bon homme et cette qualité fait pardonner le « caquet, même à qui n'a pas ses connaissances. »

Il s'agissait, dans cette lettre de Bérenger, de l'*Histoire philosophique et politique des établissements et du commerce des Européens dans les deux Indes,* interdite en France et brulée par arrêt du Parlement. Raynal fut sous le coup d'un décret d'accusation.

Bérenger contribua à la rédaction de certaines parties de

l'ouvrage de Raynal, livre fait de plusieurs mains, d'un style inégal et dans lequel on trouve des pages éloquentes et d'un puissant effet oratoire qui font un singulier contraste avec les détails du commerce et les chiffres de la statistique dont l'ouvrage abonde.

** * **

Pendant la période révolutionnaire, Bérenger s'était retiré à Chougny, hameau qui fait aujourd'hui partie de la commune de Vandœuvres, ainsi que le constatent les états officiels de fonctionnaires dans lesquels Bérenger figure comme membre de la Cour de Justice civile non contentieuse années 1794, 1795. En janvier 1798, il refusa son élection de président à la Cour de Justice criminelle dont l'Assemblée souveraine avait daigné l'honorer. La validité de cette élection étant contestée, Bérenger fit valoir auprès du Conseil cette considération « qu'il ne pouvait être appelé à une place par la violation ou l'interprétation illégale de la loi et qu'il désirait faciliter soit le retour à la loi si on reconnaissait qu'elle a été mal entendue, soit la conciliation de deux lois qui paraissent se heurter. » (Séance du Conseil du 12 janvier 1798.)

Parmi les pièces importantes rédigées par Bérenger pendant son syndicat, deux adresses méritent mention. (1) La première est une lettre destinée à l'empereur de toutes les Russies, Paul Ier, à l'occasion de son avènement au trône; la seconde au roi de Sardaigne, à la même occasion. Nos rapports commerciaux avec ces Etats rendaient cette démarche nécessaire ; quoique tardive, le retard en fut justifié sur l'instabilité de la position antérieure heureusement fixée par la nouvelle Constitution.

(1) Séance du Conseil, 21 février 1797.

* * *

Dans une liasse de documents ayant appartenu à Bérenger, se trouvait *la réponse manuscrite faite au Club fraternel pour imposition forcée sur les aristocrates*. Ce discours avait sans doute été soumis à Bérenger pour en corriger les points vicieux : son auteur, homme simple et juste, reste inconnu. Avant de reproduire ce curieux document, il est nécessaire d'examiner sur quelle base était établie la taxe révolutionnaire de 1794.

Cette taxe reposait sur une distinction politique admise par le parti qui était au pouvoir. La Commission nommée, dit l'historien *Thourel*, avait dressé un rôle des citoyens avec déclaration de leur fortune, et à côté des noms de chacun d'eux on avait mis un A, un E ou un P, pour désigner les aristocrates, les englués ou les patriotes. Les principaux membres de la Commission étaient *Cornuaud, Odier-Chevrier, Bernier* et *Bourdillon-Diedey*.

L'arrêté prenait pour base de la perception de l'impôt le 2 °/₀ sur les premières 12,000 livres avec la progression d'un sixième sur chaque mille livres en sus *pour les patriotes*; le 2 °/₀ sur les premières 12,000 livres avec la progression d'un quart pour chaque mille livres en sus *pour les englués*; le 5 °/₀ sur les premières 12,000 livres avec la progression de un douzième par chaque mille livres en sus *pour les aristo-crates*. Dans tous les cas, la taxe ne pouvait s'élever au-dessus de 25 °/₀ pour les patriotes, 30 °/₀ pour les englués, 40 °/₀ pour les aristocrates.

On considéra comme aristocrates les anciens membres du gouvernement, ceux qui avaient invoqué la garantie en 1780 et l'on plaça sur la même ligne les gens de la même classe connus sous le nom d'*égoïstes*. Les englués étaient ceux qui avaient été du parti négatif, qui avaient soutenu le gouvernement ou qui s'étaient refusés à prêter le serment civique. A cette classe, on adjoignit aussi comme égoïstes ceux qui n'avaient pas pris part aux affaires publiques, et n'avaient par conséquent rien fait pour la liberté. Tous les autres citoyens, les veuves, les demoiselles et les mineurs furent réputés patriotes.

Si, ajoute *Thourel*, la taxe n'eût pas été établie et à moitié perçue à cette époque, elle aurait certainement échoué, mais ceux qui avaient payé voulaient que les autres payassent, et ceux qui avaient pris des engagements s'en seraient cru libérés, si la même loi ne s'était pas appliquée à tous. La réaction qui se faisait sentir dans l'opinion produisit seulement quelques lenteurs et quelques difficultés de la part des contribuables : on ajourna plusieurs citoyens, on en mit d'autres en prison, et la mesure reçut ainsi sa complète exécution.

Ceci dit, passons au texte du document annoncé ; il nous montrera que dans les terribles années de la tourmente révolutionnaire, il se trouvait parmi les citoyens genevois des hommes respectables par leur esprit de justice et par leur pur patriotisme :

« Citoyens !

« La grande question qui se traite mérite selon moi une discussion approfondie. Au premier aperçu elle est juste, nécessaire, urgente, mais est-elle praticable sans danger d'occasionner des suites funestes à notre République en général ?

« Citoyens, l'appétit vient en mangeant et le goût de l'oisiveté vient souvent de la facilité de satisfaire à ses besoins sans un travail honnête, assidu. Je crains, en envisageant cette motion sur plusieurs faces, qu'elle ne facilite :

« 1° Les intrigants secrets qui pourraient se servir de ce moyen pour porter atteinte à notre indépendance ;

« 2° Que cela ne réveille des prétentions fondées qui seraient préjudiciables à un grand nombre de nos citoyens innocents ;

« 3° Que les difficultés qui naîtraient de l'exécution de cette motion ne facilitent des vexations, suscitent des haines nouvelles et ne portent enfin à changer le caractère essentiel des vrais Genevois, qui est franc, humain, sensible, charitable. Je sais que ce dernier mot ne doit plus être à l'ordre du jour et qu'il doit être remplacé par celui de secourable qui est plus analogue à l'égalité et à la liberté. Je crains, dis-je, que l'exécution de cette motion, si elle n'est pas sentie sous son vrai point de vue, ne rende les Genevois sombres, soupçonneux, aigres, violents et même cruels ; c'est ce qu'il convient à tout prix d'éviter.

« Conservons notre nacelle, Citoyens, et puisqu'elle se trouve placée au milieu d'une mer en tourmente, servons-nous de toutes nos ressources pour l'aider de toute notre force à se garantir des écueils dangereux. Je sens ainsi que vous, citoyens, l'intention qui a dirigé cette motion ; servons-nous donc de ce moyen avec prudence, développons, chacun selon nos facultés, le parti que l'on peut en tirer, mais évitons avec soin les dangers qui en peuvent résulter.

« Voici mon opinion : Trois cent soixante ou quatre cent Genevois tenant les rênes du gouvernement, croyant, les uns, être les propriétaires de l'Etat, les autres être de droit leurs héritiers à cette succession, ont fait tous leurs efforts pour parvenir à règner sans contradiction et sans obstacle, ont détourné les revenus de l'Etat pour nouer des intrigues étrangères, se faire appuyer, autoriser dans leurs prétentions et en sont venus à bout. Aujourd'hui, on leur demande qu'ils remboursent à l'Etat, de leur poche, ce qu'ils ont détourné des deniers publics. Pour faire réussir ce projet, rien n'est plus juste, mais c'est très difficile.

« Citoyens, réfléchissons à notre position ; il est triste de l'avouer : pour notre gouvernement intérieur nous sommes libres, mais notre localité nous rend dépendants de nos voisins. C'est pourquoi la justice dans cette affaire doit être liée avec les convenances.

« Je m'explique ; dans toute délibération d'administration où les arrêtés se prennent à la pluralité des suffrages, comme l'on doit juger toujours favorablement ceux dont on n'a pas la

preuve de leur délit, l'on doit supposer que quand un arrêté
a été formé contre l'intérêt général, ce n'a été que la majorité
qui est coupable et que la minorité est innocente de l'arrêté
qui a prévalu. Ainsi ce n'est que ceux qui sont coupables qui
doivent être punis. Vous me répondrez : Suivant le nouveau
régime la minorité devait se plaindre ; mais pour vous prouver
qu'elle ne le pouvait pas, il n'y a qu'à citer en 1707 les Fatio,
Galatin en 1718, Léger en 1734 ; les Le Fort en 1735, 1737 ;
nos députés en 1768 ; les De Luc, Flournoy en 1781 ; les
Dentand, Flournoy, Ringler, Duroveray ont-ils été soutenus
de la masse ? Non, ils ne pouvaient l'être tant que de l'extérieur
les intriguants du dedans étaient soutenus. Ainsi, en demandant un acte de justice évitons toute injustice.

« Développons dans un écrit clair et précis notre situation,
les causes qui l'ont produite, les remèdes nécessaires et les
moyens d'y remédier ; disons franchement à chacun ses torts,
engageons-les à se juger eux-mêmes ; je pense que c'est le
moyen préparatoire à employer avant tout autre. Je ne doute
pas de son effet, et comme un homme avisé en vaut deux,
cela, je crois, pourrait opérer sans secousse le bien qui est
nécessaire de se procurer.

« Mais veillons à ce qu'aucun des confédérés ne fasse des
dispositions contraires à ce qu'on attend d'eux ; accordons à
ceux qui sont tranquilles le temps convenable pour que le
fruit de leurs réflexions soit salutaire à notre patrie. »

* * *

En 1794, le bruit étant répandu dans le public que Bérenger
était l'auteur d'un journal imprimé à Lausanne sous le titre
de : *Tableau de la dernière quinzaine,* il crut devoir adresser
aux citoyens syndics une déclaration par laquelle il reconnaissait avoir formé le plan de ce journal, plan, dit-il, qui a
été mal suivi et dont il avait fait le prospectus tel qu'il est
joint à sa déclaration, mais que réfléchissant sur sa situation
et sur celle de la République, il craignait de la compromettre
en se compromettant lui-même ; qu'il y a renoncé volontaire-

ment et qu'il n'y a pas une ligne de lui dans les numéros qui ont paru.

Le Conseil arrêta de lui donner acte de cette déclaration.

L'année 1795 fut consacrée à la publication d'une traduction de l'anglais de la *Relation des voyages*, écrits par J. Hawkesworth, docteur en droit, entrepris par ordre de S. M. Britannique pour faire des découvertes dans l'hémisphère méridional. Ces voyages avaient été successivement exécutés par le commodore Byron, le capitaine Carteret, le capitaine Wallis et le capitaine Cook dans les vaisseaux le *Dauphin*, le *Swalow*, et l'*Endeavour*.

En mai 1796, Bérenger fit un mémoire sur la vente des biens communaux. Il donna à son travail une attention toute particulière et voici comment il s'exprimait avant de soumettre le sujet de ses prudentes et judicieuses réflexions :

« Le désir de faire ce qui est bien, ce qui nous parait juste
« entraîne toujours les âmes honnêtes, mais il est dangereux
« de s'y livrer quand on n'a pas un guide sûr : quelquefois
« on va au delà du but, quelquefois on croit l'atteindre où il
« n'est pas ; mais lorsque l'expérience a prouvé notre erreur,
« ce même désir du bien nous fait revenir sur nos pas. C'est
« ce qui nous est arrivé sur différents objets et parmi ceux là
« on doit comprendre les communes. »

* * *

Pour le développement de l'instruction publique, Bérenger ne ménagea pas ses efforts ; ce fut sous son syndicat et sur son préavis que le Département chargé de l'instruction fit délivrer des encouragements *dans les écoles de la campagne*. A cet usage on frappa trente prix d'argent au coin de ceux de la huitième classe Ces médailles étaient distribuées aux élèves

par des députés envoyés par le Département (1). Bérenger fit
aussi accorder à ses subordonnés des encouragements pour
leurs travaux pédagogiques. Le 27 décembre 1796, le citoyen
Malan-Prestreau, régent de la IVme classe, auteur d'un
ouvrage destiné à l'usage des Vme et VIme classes du collège et
reconnu très propre à l'avancement des écoliers, reçut une
indemnité de deux cents florins.

La cause de l'éducation et de l'instruction avait déjà occupé
Bérenger bien des années précédemment à son syndicat. Le
26 février 1779, il écrivait de Lausanne à M. Favre, docteur
en droit, à Rolle, qu'il pensait employer quelques moments
« à faire des contes moraux et des dialogues de morale pour
« les enfants qui pourront en même temps jeter les fonde-
« ments de leur science politique et civile ; les contes
« donneront du goût pour la lecture ; les dialogues feront un
« système de tous les principes que les contes auront inspiré
« sans liaison. J'en ferai de même, dit-il, pour l'histoire
« naturelle et la physique, mais comment pourrai-je le faire
« pour la géographie et l'histoire. » Le 13 mars 1779, il
transmettait les premiers échantillons de ses essais qui, sans
doute, sont restés dans les manuscrits du docteur Favre.

Déjà dans ses *Considérations sur l'édit du 10 février 1781*,
Bérenger faisait entrevoir toute sa pensée à l'endroit d'une
réforme dans le système de l'instruction publique. Il voyait
un remède aux maux dans une éducation publique mieux
appropriée aux besoins : qu'elle n'ait pas pour objet l'étude
des langues mortes, l'art de scander des vers, de connaître
et surtout de juger des anciens auteurs avant qu'on ait le

---

(1) *Séance du Conseil, 21 Mai 1796.* L'usage de délivrer en valeur
des gratifications annuelles aux écoliers du Collège de Genève date du
1er mai 1562. Voir à ce sujet l'*Armorial genevois* de *J.-D. Blavignac.*
à l'article *Médailles.*

jugement formé, de pérorer longuement sur des riens. Bérenger voulait que l'éducation publique fût dirigée vers les besoins du peuple, qu'elle ait pour but de former des artistes instruits, d'habiles négociants et de bons citoyens; que son but principal soit les mœurs, soit de former des hommes.

Cette élévation de pensées chez Bérenger, manifestée dans tous ses écrits, l'est aussi dans ses discours. Ainsi, l'an V de l'égalité, soit le 11 décembre 1796, il faisait comprendre aux magistrats de tous ordres l'importance et la grandeur des devoirs de leur charge, dans le discours qu'il prononça à l'occasion de leur installation. Il s'adressait à eux comme syndic, président du Conseil administratif.

« Plus les fonctions sont grandes, leur disait-il, plus elles
« peuvent influer sur le bonheur de tous et plus la société
« entière est intéressée à vous les prescrire rigoureusement.
« Les négliger, ce n'est pas un oubli, c'est un crime. Il est
« rare que cette négligence ne retombe uniquement sur vous;
« elle nuit à la société; elle nuit aux lois qui sont les garants
« de la sûreté des individus, elle peut désorganiser le corps
« politique, et l'importance de ses effets exige qu'on y oppose
« une barrière plus forte.

Aux citoyens membres de la Cour criminelle il disait :

« Que de petites convenances du moment où la crainte de
« blesser un parti ou des familles puissantes ne vous arrête
« point, il n'est qu'un moyen de remplir son devoir, c'est
« d'aller par le chemin le plus court où il vous appelle. Une
« équité sévère fait seule respecter et le juge et la loi dont il
« est l'organe. Pensez que Dieu, vos concitoyens et l'équita-
« ble postérité, vous jugeront à votre tour. »

Après avoir parlé aux divers ordres administratifs, Bérenger terminait son simple, mais ferme et noble discours en s'adressant ainsi au peuple genevois :

« Nous tous, citoyens, qui sommes rassemblés ici, soyons
« tous animés par la généreuse émulation de nous montrer
« les plus soumis aux lois, les plus attachés à nos devoirs,
« les plus dévoués à la patrie. C'est le moyen le plus sûr de
« calmer les passions qui nous divisèrent, d'éteindre les
« haines que nos préventions firent naître, et de ramener la
« paix et une modeste prospérité au milieu de nous. »

*
* *

Dans la seconde partie de son *Précis historique des derniers
temps de la République de Genève*, publié à Genève en 1801
(un volume in-8°), Jean-Pierre Bérenger, ancien magistrat
genevois, traite spécialement de la réunion de Genève à la
France.

Cette annexion du territoire de la République genevoise fut
préméditée par le Directoire : la mission principale du
Résident à Genève était de la rendre facile tout en la préci-
pitant.

Déjà en 1796, Bérenger qui n'avait cessé d'être en correspondance intime avec le ministre Reybaz, à Paris, émettait
ses inquiétudes naissantes au sujet du péril qui menaçait
l'indépendance genevoise. Le 14 avril (1) il lui écrit en
déclarant d'abord qu'il lui parle confidemment, comme
particulier, comme ami, comme Genevois. Il s'agit d'un
drapeau envoyé par le Directoire à la République genevoise,
à l'occasion duquel Reynier, envoyé extraordinaire de la
République française près celle de Genève, avait fait des
instances pour qu'il fût promené par la ville en grande
cérémonie et qu'on tirât le canon. Mais les Genevois n'avaient
pas voulu se prêter à ce jeu. L'objet n'était important, ainsi

(1) Archives cantonales de Genève, pièce n° 5479 *bis*.

que le reconnaissait Bérenger *que par la chaleur que paraissait y mettre le Résident*. Un paragraphe du compte-rendu de l'Administration qui rappelait ce fait fut mal interprété à Paris ; les expressions employées furent considérées comme inconvenantes et même offensantes pour le gouvernement français. Le ministre Reybaz exprima même des regrets et le Conseil, en séance du 18 mai, le chargeait d'être son interprète auprès du Directoire pour lui présenter sous une forme détournée les excuses exigées.

« Rien ne fait plus plaisir aux Genevois, disait Bérenger au ministre Reybaz, que de les assurer qu'on respecte leur indépendance. *La France avait des vues sur elle, on ne peut le nier.....* Nos principes sont d'honorer la République française, de faire grand cas des témoignages honorables qu'elle nous donne de son amitié et nous avons tâché de *concilier ces principes avec les convenances.* Voilà les reproches du Résident..... »

Dans cette délicate missive, Bérenger entretenait encore Reybaz de la contrebande, des mesures tentées pour être compris dans un traité si la paix se négocie, de l'envoi de l'ancien syndic Gervais à Bâle auprès de M. Barthelemi. « Notre plus grande utilité, exposait-il, serait qu'on nous désenclave, qu'on nous donnât le baillage de Gex pour Jussy et la Champagne; nous deviendrions alors importants pour les Suisses et nous aurions l'espérance de former un canton. Si nous ne pouvons obtenir Gex, il faudrait, s'il est possible, avoir quelques cessions de territoire qui liât les parties séparées au tout ».

Le système politique de Bérenger reposait sur la question de la restitution de la Savoie ; ce qu'il recherchait, c'était de rendre Genève indépendante de ce pays.

Le 7 mai, Bérenger revient à la charge ; il demande au

ministre Reybaz si le moment est propice pour faire quelque réclamation sur les pertes en dîmes et sur les demandes pour le désenclavement du territoire. « Il serait cruel, dit-il, de laisser échapper le moment d'être utile à sa patrie. Vous savez qu'il ne s'agit ici que de faire du bien à la patrie, et non de le faire à la manière de *Gauthier* ou de *Garguille*, comme le dit élégamment le roi Jacques dans un de ses discours. »

« Pour l'intérieur, nous sommes tranquilles. Il y a bien quelques discours menaçants de la part de nos sans-culottes renforcés ; mais on veille sur eux et il est à croire que ce n'est là que quelque étincelle d'un feu qui s'éteint et que les nouvelles extérieures ont fait jaillir. En attendant, la prospérité à laquelle on ne peut guère aspirer d'atteindre, nous remettons l'ordre et l'économie dans toutes les parties de l'Administration ; des égards forcent souvent à fermer les yeux, des intérêts plus grands à négliger les petits, mais bientôt il n'y en aura plus de petits pour nous.

« J'ai remis à *M. Trembley-Detournes* une lettre relative aux manuscrits *Raynal*.....

« Je vous salue et suis avec le dévouement dicté par le cœur.

Votre concitoyen,

BÉRENGER.

(Place Saint-Antoine, 20).

Le ministre Reybaz partageait les angoisses de Bérenger à l'égard de Genève. Le 22 mai 1796, il lui rapportait que le jour même où fut signé le traité entre la France et le roi Sarde, il eut avec le ministre des affaires extérieures une conversation dans laquelle celui-ci observa que notre République se trouve actuellement cernée et entièrement bouclée dans le territoire français ; que lui, citoyen Reybaz, observa au ministre en réponse qu'étant au milieu de nos amis nous devons nous regarder en parfaite sûreté et tirer nos motifs de sécurité des principes et des déclarations réitérées de la République française à notre égard, ce dont le ministre ne put s'empêcher de convenir. De ces discours, ainsi que de notre position, *le ministre Reybaz concluait que nous devons plus que jamais cultiver la bienveillance du Gouvernement français et observer la plus grande circonspection au dedans.*

Une lettre du mois de septembre 1796, adressée de Paris à Bérenger par le citoyen *Des Gouttes*, l'avisait « qu'on tra-
« vaille à la perte de l'indépendance genevoise. M. de Veyss,
« à Paris, faisait entrevoir que l'existence de la République
« genevoise était bien précaire et que l'intérêt qu'il prenait à
« Genève lui faisait désirer que nous fassions un quatorzième
« canton et il conseillait d'agir et de s'adresser en consé-
« quence. » Le citoyen Des Gouttes informe Bérenger que *Grenus* est parti pour Genève et qu'il a déclaré à quelqu'un qu'il allait travailler de manière à ce qu'il faudrait bien que d'ici à très peu de temps Genève se réunisse à la France. (Séance du Conseil du 30 septembre 1796).

Le Résident Félix *Desportes* débuta, pour l'accomplissement de sa mission, par quelques pourparlers avec divers citoyens de Genève, mû par la persuasion que ses communications parviendraient au Conseil. Ce corps, averti, se trouvait natu- rellement obligé d'entrer en lice avec le Résident ou de se mettre en rapports immédiats avec le Directoire.

On verra, dans notre complément à l'*Histoire des derniers temps de la République de Genève et de sa réunion à la France* (1), comment le Conseil de Genève fut initié au mou-

---

(1) Ce travail est prêt ; l'auteur du présent mémoire attend de posséder les ressources nécessaires pour en donner la publication.

vement annexioniste par la fidèle reproduction du procès-verbal de la séance du Conseil du jeudi 15 mars 1798 et par celle des procès-verbaux de la Commission extraordinaire, créée par la loi du 17 mars 1798.

Pour Bérenger, l'annexion de Genève devenait un crime et, à ce moment suprême, il eut le courage de manifester publiquement sa ferme volonté.

En séance du samedi 14 avril 1798, les citoyens syndics s'occupent d'un écrit de Bérenger, intitulé : *Réflexions d'un Genevois à ses concitoyens*, contre lequel une plainte était formulée par le Résident français.

Bérenger avait destiné cet écrit à quelques sociétés genevoises ; sa lecture avait produit une si puissante impression sur les auditeurs qu'ils s'offrirent d'en faire la publication à leurs frais, autorisation que l'auteur leur accorda. Mandé auprès du Conseil, Bérenger protesta contre l'imputation qu'on pourrait lui faire d'avoir voulu blesser ni la République française, ni son représentant ; que la plus grande preuve qu'il en peut donner est qu'il n'a pas voulu renforcer son écrit d'un trait que lui fournit sa mémoire relativement au citoyen Résident, c'est que se trouvant chez lui pendant son syndicat, le citoyen Résident lui déclara que s'il recevait jamais des ordres de son gouvernement qui tendissent à froisser notre indépendance, il résignerait aussitôt sa place.

L'écrit de Bérenger fut imprimé chez Bonnant. Le Conseil arrêta d'envoyer au citoyen Résident une députation pour lui témoigner ses regrets sur la publication donnée à un écrit qui a pu le blesser, qu'on suit à une procédure a ce sujet, et que pour mieux la diriger, on désire connaître plus particulièrement les traits dont il porte plainte.

Les citoyens administrateurs Deonna et Aubert ont été délégués pour cette mission.

Le Résident les reçut dans la matinée du 14 avril, exposa les phrases offensantes pour sa personne et déclara qu'il exigeait un châtiment exemplaire contre l'auteur, observant qu'il eût été fusillé en France. Qu'il était d'autant plus coupable, que comme membre de la Commission extraordinaire il manquait au serment du secret en révélant le résultat de ses négociations.

Le Résident français considéra dès lors Bérenger comme un ennemi de la France.

Mais les poursuites demandées ne purent être entreprises, car le lendemain, 15 avril, les troupes françaises effectuaient leur entrée à Genève. On se contenta de faire fermer les clubs de la *Grille* et du *Faisceau*. Le 20 avril 1798, les délégués du Conseil auprès du Résident rapportèrent que la réunion étant un fait accompli, le Résident mettait tout en oubli et qu'il consentait, en conséquence, à l'annihilation de toute procédure.

L'écrit qui avait fortifié contre Bérénger la suspicion du représentant à Genève du gouvernement français, lui avait été inspiré par son amour pour Genève dégagée de toute entrave. Nous allons en juger par son examen : ce document peut être considéré comme l'un des plus importants de ceux publiés au moment même où l'étranger fomentait l'insurrection à l'aide de quelques hommes pervers, admirateurs des jugements affreux, des confiscations et des assassinats qui couvrirent la République de sang et de fange.

La franchise, le patriotisme, la sagesse et le talent de Bérenger brillent dans ces *Réflexions d'un Genevois à ses concitoyens*. Tout homme juste et aimant la liberté, telle que l'entendait notre concitoyen, applaudira à ses généreuses pensées; leur lecture suffit pour raviver l'attachement que tout Genevois doit conserver à l'indépendance de ce sol sacré sur lequel

Bérenger consuma la meilleure part de son énergie pour le bien de ses semblables et pour la gloire du pays.

« Les circonstances extraordinaires où nous nous trouvons, la crainte de perdre notre existence politique, et jusqu'à l'espérance de voir renaître le lustre et la prospérité passée de notre patrie, doivent exciter tous les vrais amis de cette patrie à communiquer leurs réflexions à leurs concitoyens.

Lorsque je pèse les divers rapports qui sont parvenus jusqu'à moi, les craintes, les espérances, mes devoirs, mon serment, je ne puis me résoudre à concourir aux desseins des étrangers sur nous, et à jamais céder ma patrie ; car c'est la céder que de perdre son indépendance pour être englouti dans une nation de trente millions d'hommes.

On me dira que cette indépendance n'est presque qu'un vain nom. Je le sais, c'est l'indépendance d'un Etat faible, souvent blessée, souvent forcée de céder sous l'orage, mais qui vit encore dans plusieurs de ses parties, et qui se relève quand le calme renaît

Si ce froissement de l'indépendance était une raison puissante pour la regarder comme n'ayant plus aucun prix, aucune importance, tous les Etats faibles devraient disparaître et, cependant, ils sont plus heureux que les grands Etats ; ils ont des compensations, d'autres jouissances ; il y a plus d'ordre, moins de vexations, plus de véritable liberté, plus de paix, plus d'attachement aux lois et à la patrie. Si nos pères avaient pensé comme quelques hommes faibles, Genève n'aurait jamais été république. Il y a trois siècles qu'elle se trouvait dans une situation pire que la nôtre, puisque les ducs de Savoie, possesseurs du Pays de Vaud, du bas Valais, de tout le pays qui l'environnait à une grande distance, avaient aussi dans son sein des droits de juridiction qu'ils exerçaient sans contestation. Avec de la patience et du courage, ils parvinrent à des temps plus heureux ; ils fondèrent la République. Avec de l'impatience et de la faiblesse, voulons-nous la faire disparaître ?

Le commerce ne se faisait autrefois que par le moyen des foires : Genève en avait de très fréquentées ; elles nous furent enlevées. François Ier, roi de France, offrit de nous les rendre, pourvu qu'on lui cédât quelques droits de juridiction. Les Genevois s'y refusèrent ; ils préférèrent la pauvreté libre à l'opulence sujette. Aurions-nous désappris à supporter la première ?

Et cette manière de penser sur notre indépendance nous serait venue d'une manière bien subite. Il y a du tems que notre indépendance a reçu des atteintes ; on cédait, mais on se hâtait de guérir les blessures qu'elle venait de recevoir, et on l'embrassait avec plus de force que jamais ; plus elle était menacée, plus elle nous devenait chère. Nous avons parmi nos concitoyens des hommes qui ont mérité notre estime éternelle pour l'avoir défendue avec courage, avec intrépidité, et quelle horreur ne témoignait-on pas contre quiconque voulait qu'on l'abandonnât !

Il y a peu de jours qu'une Décade (1) parut, où l'on nous conseillait de la céder ; on y répondit par deux brochures qui furent lues, applaudies, dévorées par tous nos concitoyens, parce qu'on y prouvait et notre attachement pour elle, et les avantages dont elle nous faisait jouir. Et quelle consternation, quel désespoir n'a pas répandu la nouvelle qu'on exigeait de nous cet abandon ! Un vertige nous aurait-il tout à coup changés, transformés en des hommes si différens ?

Cette indépendance est une chimère, dit-on ; cependant ce n'est pas seulement dans ce tems qu'elle a souffert ; et voyez quels grands effets elle a produit. Pourquoi Genève a-t-elle fleuri ?

Pourquoi ? Allez dans un vaste domaine : vous y verrez toujours des parties négligées ou inutiles, mal cultivées. Visitez une petite ferme : tout y est soigné, mis à profit ; elle produit beaucoup plus que le vaste domaine, comparativement à sa grandeur. Le possesseur du domaine jouit dans l'indolence ; celui de la petite ferme s'occupe sans cesse à l'améliorer. C'est à sa petitesse, à sa faiblesse, à son dénuement de ressources mêmes que Genève doit son industrie ; l'abondance riverait le ressort que lui donna cette activité qui la soutint et l'éleva. D'ailleurs, elle a lieu d'espérer que n'ayant plus pour voisin qu'une nation grande, juste, généreuse, son indépendance sera désormais plus respectée.

Pourquoi Genève s'est-elle rendue célèbre dans le commerce, dans les arts, dans les sciences ? Pourquoi tant d'hommes illustres se sont-ils formés dans son sein ? Pour-

(1) **Décade** était le titre d'un journal français philosophique, littéraire et politique ; son rédacteur était fils d'un Genevois.

quoi tant d'établissements publics dont elle a donné l'exemple, tant de ressources contre l'adversité et une prospérité qui s'obscurcit quelquefois , mais toujours renaissante ; des mœurs qui se sont soutenues pendant deux siècles, et qui, enfin, dégénérées, le sont moins que celles de nos voisins ; cette activité générale, qui excite, nourrit, perfectionne les talens ; ces vertus bienfaisantes, ce désintéressement dans diverses parties de l'administration, qui égalent toujours les moyens aux besoins ?

J'ai habité une ville qui, sous plusieurs rapports se rapproche de Genève, mais elle n'était pas indépendante ; et personne ne voulait consacrer quelques heures de son temps aux établissements publics, même de charité, si chaque séance n'était payée. Otez-nous ce sentiment qui nous unit, qui nous identifie avec la chose publique, qui étend notre moi sur elle et l'égoïsme reprendra tout son empire et se renfermera dans ses seules jouissances. On ne connaitra bien tout ce que l'on doit au sentiment de l'indépendance, que lorsque nous l'aurons perdue, et qu'il ne nous restera plus que de longs, d'amers et d'inutiles regrets.

Nous souffrons, je le sais, mais le vrai citoyen souffre avec patience, avec une espèce de plaisir ; c'est un sacrifice qu'il fait à sa patrie, et il en voit le prix dans un avenir qui ramènera le calme et la paix, suivie de l'empire de la justice ; il ose espérer de voir renaître des jours plus heureux pour la République. Mais on nous présente des tableaux effrayants, si nous ne cédons pas ; on veut que la crainte fasse ce que la persuasion ne peut faire. La raison, le sentiment repoussent ces tableaux. Jamais je ne pourrais penser qu'une nation, qu'un gouvernement qui annonça, qui proclame encore des principes de philanthropie, de générosité, de justice, de protection pour le faible, et surtout pour ses alliés, puisse vouloir ordonner à ses soldats de saisir, de piller, de dévaster une ville alliée de la France depuis deux siècles, protégée encore par des traités qui existent et qu'elle a toujours respectés, qui a produit des hommes qui lui furent utiles par les lumières qu'ils ont répandues et les services qu'ils lui rendirent, qui sema dans une partie de la France des germes d'activité et d'industrie, qui aida à sa prospérité générale, qui adopta ses principes et régla sur eux son gouvernement, qui fit pour les Français tout ce qu'elle pouvait faire, qui désarmée et tranquille, se confie en ses promesses et ouvre son sein à ses soldats. Non, de tels actes sont trop odieux pour les croire et pour les craindre ; ce serait déshonorer le Gouvernement français que de penser qu'il pourrait les vouloir et les approuver.

Son ministre à Genève nous presse, nous sollicite, etc. ; mais ses discours affaiblis par ses précédentes protestations. Il aimait l'indépendance de Genève, il voulait la protéger et la défendre. Elle lui était aussi chère qu'à aucun Genevois. Combien de fois n'a-t-il pas témoigné la plus vive indignation, non pas de crainte réelle, mais de l'apparence de crainte, que le Gouvernement français ne voulut toucher à notre indépendance ; le supposer était alors une offense, une insulte grave ; douter de l'exécution constante de ses déclarations, des promesses faites en son nom, était alors un crime ; s'y confier aujourd'hui pourrait-il devenir un crime encore ?

On dit que dans notre situation actuelle, nous partageons les malheurs de la France, sans en partager la prospérité. Cette assertion n'est point vraie. La France peut être agitée, et nous dans le calme ; elle peut être en guerre, et nous en paix ; ses moissons peuvent manquer, et nous tirer nos provisions des autres États de l'Europe, etc. Et quant à sa prospérité, il est bien difficile que l'abondance dans nos environs ne pénètre pas jusqu'à nous. Juger de notre état naturel et constant par notre situation actuelle, par les gênes que le commerce éprouve, c'est décider d'une année entière par quelques jours orageux ; cet état doit finir, il tient à des circonstances passagères ; c'est un moyen momentané qui ne peut devenir un état habituel et auquel une paix générale mettra un terme.

Sans doute, il serait honorable pour les Genevois de se fondre dans une Nation au plus haut point de la gloire militaire, et qui commande, pour ainsi dire, à l'Europe entière. Mais notre situation nous défend cette gloire, cet éclat ; elle nous prescrit une existence plus modeste : c'est dans le travail de l'industrie et les tranquilles méditations que nous devons chercher notre prospérité, notre paisible célébrité.

Je n'étendrai pas ces réflexions plus loin ; je ne dirai pas que dans un État vaste les maux que font naître les fautes de l'Administration sont moins corrigibles, que ses dissentions, ses guerres civiles sont plus cruelles, plus durables, plus interminables, qu'il peut moins jouir de la paix avec ses voisins, et qu'il importe à notre existence commerciale d'être en paix avec tous les Etats, etc... Le cœur, la raison, l'intérêt, tout doit nous attacher à Genève indépendante ; tout doit nous obliger à ne céder qu'à l'absolue nécessité, à la force, et à répéter cette expression si connue et si souvent citée, parcequ'elle renfermait un sentiment noble et sage : *Nous attendrons les évènements avec confiance ; ils nous trouveront toujours citoyens.* »

Jamais la flatterie ne fut un moyen employé par Bérenger pour s'attirer l'estime de ses concitoyens. C'était par la justice dans les actes et par la vérité dans ses paroles qu'il captait la confiance générale et particulièrement celle du peuple de la campagne. Comme Bérenger, Félix Desportes, le Résident de France, avait compris que l'appui des agriculteurs n'était pas à dédaigner et voici comment, dans le discours qu'il prononça le 25 prairial, an VI (13 juin 1798), au moment de l'installation des Autorités administratives et judiciaires du Canton genevois, le Résident s'exprimait aux magistrats en faveur de la population agricole :

« Si vous êtes véritablement jaloux de faire fleurir aussi
« la grande République, favorisez les cultivateurs, honorez-
« les, apprenez-leur à se pénétrer de la dignité de leurs
« travaux : dites-leur bien que si la Constitution tolérait des
« distinctions dans l'état ordinaire de la vie, elles seraient
« toutes décernées au respectable citoyen dont les sueurs
« patriotiques fertilisent la terre. Fussiez-vous même au
« milieu de l'éclat de vos fonctions, quand vous verrez
« s'élever vers vous, pour implorer votre appui, des mains
« durcies par le soc de la charrue, descendez de vos chaises
« curules, venez presser ces mains-là ; elles sont précieuses
« à la République; ce sont celles d'un agriculteur !... Alors
« votre âme émue se remplira des plus doux sentiments et
« vous payerez une dette à la reconnaissance, en prêtant une
« oreille propice aux sollicitations de ce bon citoyen. »

* * *

Un roman en deux volumes in-12, qu'il ne nous a pas été
possible de nous procurer, sous le titre de : *Laure et Auguste,*
fut traduit de l'anglais en 1798 par Bérenger. Il est probable
que cet ouvrage devait avoir une portée toute politique pour
mériter une traduction de notre concitoyen. Bérenger n'avait
cessé de conserver des relations avec les Genevois les plus
éminents à l'intérieur et à l'extérieur ; la lettre qui va suivre
montre que l'esprit de résistance à toute domination étrangère
formait un lien puissant entre un grand nombre de citoyens
Genevois. Tous avaient à cœur d'entretenir l'esprit national
avec l'espoir qu'au jour où ils se trouveraient prêts à
reconquérir l'indépendance ils pourraient plus facilement
dominer la situation, éviter le retour d'une occupation
étrangère et surtout faire prévaloir leurs réformes politiques.

L'un des plus actifs correspondants de Bérenger fut le
proscrit *David Chauvet*, homme de lettres, bourgeois de
Genève, élu membre du Conseil des Deux-Cents le 3 janvier
1782. Retiré sur le sol britannique, à Kensington, il ne cessa
de s'occuper des affaires de Genève. Le 22 juin 1798, il
adressait à M. Gallatin, citoyen de Genève, membre de la
Chambre des représentants des Etats-Unis de l'Amérique pour
l'Etat de Pensylvanie, un tableau des crimes du Directoire
français envers la République de Genève.

David Chauvet regardait comme un sujet de spéculation,
non-seulement les projets d'envahissement du Gouvernement
français, mais encore son ambition effrénée, l'art avec lequel
il profitait de toutes les circonstances pour semer la désunion
et pour propager ses principes chez les peuples qu'il voulait
asservir. Ce n'est point un Cromwel qui usurpe un trône, lui
écrivait *Chauvet,* c'est un faussaire qui oblige un homme

faible, le poignard sur la gorge, à lui faire une donation de son bien, et qui se vante ensuite de la légitimité de son titre.

David Chauvet exposait à *M. Gallatin* dans une brochure imprimée chez *T. Baylis*, à Londres, la conduite du Gouvernement français envers la République de Genève, faisant ressortir ce fait que moins cette République paraît importante, plus la persévérance du Directoire français pour la conquérir doit étonner. On est souvent disposé, ajoutait-il, à pardonner des crimes à la politique, quand ils sont commis pour un grand objet, mais une suite de procédés perfides et astucieux, un tissu d'alliances jurées et de serments violés pour s'emparer d'une petite ville sans territoire, une politique si perverse et si soutenue pour accomplir un si petit objet, voilà ce qui mérite l'attention de tous ceux qui veulent s'éclairer sur le vrai caractère et les desseins futurs de la République française. *Chauvet* envisageait les Français comme de prétendus républicains, ne pouvant souffrir l'existence d'une petite république, car, disait-il, ces prétendus vengeurs des violences des rois ont détruit une indépendance à laquelle les rois n'avaient porté aucune atteinte.

D. Chauvet avait été proscrit pour dix ans avec conditions de retour réservées, en même temps que ses amis politiques, Jacob Vernes, Isaac Salomon Anspach, déposés de leur charge ; Julien Dentand, Jacques Vieusseux, Jean Flournoy, Etienne Clavière, J.-A. Du Roverray, F. D'Yvernois, Marc-François Rochette, exilés à perpétuité ; Jacques Grenus, *David Chauvet*, Jean Janot, Guillaume Ringler, Jean-Jacques Breusse, La Motte, Jean-Antoine Thuillier, Esaïe Gasc et Jean-Louis Schraidl.

De ses correspondances avec Bérenger, nous n'avons pu recueillir que la pièce suivante, datée de Kensington, le 1ᵉʳ décembre 1798.

« J'ai reçu, mon cher Monsieur, le petit billet que vous avez remis à Mademoiselle V. et je vous en remercie bien sincèrement; vous avez rencontré l'endroit sensible en me parlant de vos espérances, elles fortifient les miennes ; je me plais à m'en occuper et plus je m'y arrête plus elles me paraissent fondées ; et moi aussi je crois un Dieu puissant et juste ; il mettra des bornes aux crimes des hommes comme il en a mis à la mer, et déjà il me semble que les choses prennent une tournure qui annonce de grands changements. Il y a peu de mois qu'on nous croyait dans le plus grand danger, les bravades et les menaces des cinq Tyrans trouvaient du crédit sur le continent ; nous n'avons pas eu un instant d'allarme, mais à présent l'illusion doit être dissipée ; nous sommes également à l'abri de leurs soldats et de leurs principes. Je suppose que le journal de Mallet-Du Pan ne parvient pas jusqu'à vous, et j'en suis fâché ; vous auriez du plaisir à le lire ; vous y verriez le tableau fidèle de ce qui se passe dans les Etats qui ont résisté jusqu'à présent à cet épouvantable torrent. Quant à la brochure sur Genève, je puis vous dire qu'elle a produit ici un grand effet : je ne désespère pas que l'on ne s'intéresse pour nous quand il en sera temps ; j'ai eu soin de la répandre entre les personnes qui peuvent avoir de l'influence et peut-être il viendra un moment où il faudra rappeler ce qu'il y a à dire en notre faveur; c'est à quoi je serai attentif, surtout si vous me faites passer quelques matériaux. Ce n'est pas très-difficile ; il faudrait seulement que l'adresse et l'extérieur des lettres eussent un peu l'air de ces lettres de servante qui n'excitent pas la curiosité et surtout les mettre à la poste à Nyon ou à Lausanne ; n'y ayant point de signature je crois qu'il n'y aurait aucun risque. En attendant, je vous envoie dix-huit exemplaires du dernier écrit, en vous priant d'en faire parvenir un à chacune des personnes suivantes : M. Roman le Régent, M. Mallet-Romilly, M. Juventin et M. Archer. J'en ai déjà envoyé une trentaine en Suisse qui doivent être arrivées par Neuchâtel, en sorte qu'il pourra être connu. Il est à souhaiter qu'il se conserve une masse de vrais Genevois, par lesquels l'esprit national puisse se renouveller lorsque le moment de la délivrance arrivera ; mais il faut se préserver de tout ce qui donnerait aux autres la moindre défiance, ce ne serait qu'attirer de nouveaux malheurs; patience et prudence et tout tournera bien. C'est sur ce pays que roule maintenant le sort de l'Europe, et je puis vous assurer que tous les efforts gigantesques des ennemis de l'humanité ne sauraient l'atteindre : 800 vaisseaux de guerre de toutes grandeurs, 120,000 matelots et 400,000 hommes de troupes de terre, avec l'unanimité de la nation, c'en est assez pour n'avoir rien à craindre ; il est vrai que la masse d'impôts qu'il faut supporter est énorme, mais l'accroissement du commerce et de l'industrie peut soutenir cet état de choses encore quelques années sans risque. Voilà ce qu'a produit un gouvernement sage et ferme et le bon sens d'une nation qui ne se laisse pas mener par des mots. Je me trompe beaucoup, ou ce coin de terre aura sauvé l'Europe avant que deux ans soient écoulés ; il me semble que cela doit soutenir le courage et les espérances de nos compatriotes.

D'Yvernois va publier un volume ; il vous l'enverra par la même voie que ce paquet ; il me charge, ainsi que Dumont, de vous dire mille choses affectueuses. Madame Roget me demande de vos nouvelles avec le plus vif intérêt ; M. Romilly est marié à une belle, aimable et excellente femme qui vient de le faire père d'un fils. Le jeune Roget est docteur en méde-- cine ; il pratique déjà à Londres et promet de se distinguer. Voilà des détails qui vous intéresseront. J'attendrai aussi de vous ceux qui vous concernent. Je vous embrasse de tout mon cœur.

D : Ch.

L'esprit national genevois ne se perdit point malgré l'occu- pation française ; on supporta avec résignation et fermeté les calamités momentanées ; on se réunissait en famille pour discuter la situation et préparer sagement la délivrance.

La solennité de l'Escalade, surtout, devint une occasion de fortifier les patriotiques espérances. Pour ces modestes fêtes au foyer domestique, on réservait de délicieuses chansonnettes du crû ; un joyeux entrain, le fumet de la dinde et le cliquetis des verres faisaient oublier les défauts de ces compositions poétiques, souvent improvisées un instant avant de se mettre à table. — Les chansons qui nous sont restées de ces temps, témoignent de l'amour patriotique de nos devanciers, qui

9

considéraient avec raison l'anniversaire de l'Escalade comme
« la fête des bonnes gens ».

Célébrer l'Escalade, c'est célébrer la victoire de la liberté
sur le despotisme, le triomphe de la lumière sur l'erreur et
le fanatisme !

Pictet de Sergy, dans sa Genève ressuscitée, a eu raison de
dire « combien de cœurs soutenus par le souvenir du *miracle*
de 1602 palpitaient en secret dans l'espoir d'une nouvelle
délivrance ». La délivrance est venue et de nos jours encore
le *culte* de l'Escalade ne s'est point refroidi.

Albert *Rilliet*, dans son *Histoire de la Restauration de la
République de Genève*, relate que ce fut sous la direction et
par l'entremise de MM. *Chauvet*, *Dumont* et *D'Yvernois*,
genevois habitant Londres, que le 9 Décembre 1801 « ils
« présentèrent à lord Hawkesbury, ministre des affaires
« étrangères, un mémoire dans lequel étaient exposés les
« légitimes griefs de la République, et ses droits à recouvrer
« la possession de son indépendance nationale. Ce mémoire,
« auquel le ministre promit son appui, dût être remis aux
« plénipotentiaires anglais qui traitaient à Amiens avec la
« France, afin de servir de base à une intervention de leur
« part en faveur de l'affranchissement de Genève. Ce traité de
« paix fut signé le 25 mars 1802, et aucune mention n'y fut
« faite de la République genevoise. Il est vrai que tous les
« alliés de l'Angleterre étaient enveloppés dans le même
« oubli.

« Douze années devaient se passer encore avant qu'une
« occasion semblable se présentât. Durant cet intervalle,
« l'esprit national, loin de s'affaiblir dans Genève, semblait se
« nourrir au contraire et se ranimer par son opposition et sa
« résistance au régime français. Il entretenait dans la popu-
« lation une lutte sourde, mais persévérante contre un gou-

« vernement, auquel son origine étrangère enlevait plus de
« prestige que l'éclat de ses victoires et la fermeté de son
« administration ne lui donnaient d'autorité. »

Parmi la société genevoise, dit encore *Rilliet*, les coteries
de femmes et les cercles d'hommes élevaient contre les pro-
grès de l'assimilation française une barrière presque insur-
montable, au-devant de laquelle ne pénétraient sur aucun
point les personnes venues à Genève pour représenter ou
pour servir le gouvernement impérial.

** **

Resté Genevois par le cœur, Bérenger inspirait néanmoins
une haute confiance aux représentants de l'administration
française, puisqu'au 1er mars 1802, le préfet du Léman l'ap-
pela à recevoir les votes des citoyens de la première série
de la municipalité de Genève pour l'élection du juge de paix
de l'arrondissement.

L'année suivante, Bérenger travailla à une édition populaire, imprimée à Paris, puis réimprimée à Genève en 1805,
du *Cours de géographie historique, ancienne et moderne*, par
Osterwald. Cet ouvrage formait deux volumes in-12.

Eu 1805, il publia une édition corrigée du *Dictionnaire
géographique ou Description des quatre parties du monde*, de
Vosgien, célèbre savant hébraïsant, docteur de la Sorbonne,
connu sous le nom de Ladvocat, Jean-Baptiste. Le *Dictionnaire géographique portatif*, publié par lui en 1747, sous le
titre de *Vosgien*, c'est-à-dire né dans les Vosges, a été traduit
de l'anglais. Il eut une nouvelle édition publié par *Giraud*,
à Paris et à Lyon, en 1812. *Vosgien* ou *Ladvocat* était né à
Vaucouleurs en 1709 ; il mourut en 1765.

Bérenger a aussi traduit l'*Americanische Geographie* de

Auguste-Louis de *Schlœzer*, historien allemand, adjoint à l'Académie de Saint-Pétersbourg (né en 1737 à Iagstadt, Hohenlohe, mort en 1809); il a également travaillé au *Dictionnaire raisonné, universel, d'histoire naturelle* de Jacques-Christophe *Valmont de Bomare*, ouvrage qui fut réimprimé de 1768 à 1770 à Yverdon, puis à Paris et à Lyon. *Valmont de Bomare* était un naturaliste distingué, né à Rouen en 1731, mort en 1807.

* *

Des revers avaient amoindri la petite fortune que Bérenger s'était acquise par un persévérant travail. En 1801, il était occupé dans les bureaux de la Préfecture, placée alors sous l'autorité de M. A. M. Eymar, préfet du Léman. Ce magistrat faisait grand cas du talent et du caractère élevé de Bérenger.

Qu'on en juge par la lettre suivante, qu'il lui adressa le 17 vendémiaire, an IX, avec cette suscription :

Au citoyen Bérenger, auteur de « l'Histoire de Genève »

« C'est avec le plus grand regret que j'ai vu interrompre
« les communications journalières que le travail, dont vous
« aviez bien voulu vous charger, établissaient entre nous.
« La place que vous occupiez dans les bureaux de la Préfec-
« ture absorbait un temps précieux et ne pouvait que vous
« détourner de travaux plus essentiels. Un homme de lettres
« tel que vous ne doit mettre en œuvre que ses propres idées
« et vous êtes du nombre de ceux qui, dans le travail, s'ap-
« partiennent tout entiers.

« Je fais les vœux les plus ardents, citoyen, pour qu'un
« emploi plus analogue à vos talents puisse corriger envers
« vous les torts de la fortune et vous laisser en même temps
« le loisir nécessaire pour suivre vos travaux de littérature.

« Si jamais je puis vous être bon à quelque chose, je me
« croirai trop heureux de saisir l'occasion de vous témoigner
« les sentiments d'estime et d'attachement que je vous ai
« voués. »

Il est un proverbe qui dit : « Les montagnes ne peuvent se
rencontrer, mais deux hommes se rencontrent. » — Les destinées des hommes présentent des cas extraordinaires sous ce
rapport. Ainsi, Bérenger était employé à la Préfecture du
Léman pendant que Cornuaud y remplissait les fonctions de
secrétaire général.

La franchise et la modestie de Bérenger sont révélées dans
ses lettres à ses plus intimes amis ; il rebute les banales
formules de politesse que l'on avait usage d'employer en son
temps pour clore une correspondance et dont le servilisme
était le point dominant.

Dans l'une, Bérenger se justifie d'avoir laissé cette formule
ordinaire, parce que, dit-il, elle est malpropre à rendre ce
qui est pour son correspondant ; dans deux autres lettres, il
est plus catégorique encore : « Je ne veux plus de formule
qui sente la médecine. » Ou bien après l'indication du quan-
tième, du mois et de l'année, cette satirique indication :

« Formule savante comme il appert. »

Le 11 mai 1798, Bérenger, souffrant, avait déposé son testament olographe chez le notaire Jacob Vignier, à Genève.
Le dépôt de ce titre est contresigné par Laurent Deonna,
Joseph Romieux, Philippe Romieux, Philippe Le Royer,
Etienne Miqueler, négociant, André-Esaïe Ressegueire, joail-
lier, Jean-André Lesage, J.-P. Bérenger et le notaire. En
voici le texte :

Mes dernières volontés

« Comme j'ignore si je recouvrerai la santé, je crois devoir
« régler mes affaires comme suit :

« J'ai reçu de ma femme, soit comme dot, soit comme
« héritage, environ trois mille et sept cents livres courantes.
« comme on peut le voir dans les comptes de l'hoirie *Lorentz*.
« Ma femme doit donc rentrer en possession de cette somme.
« dont je suis bien sûr qu'elle fera un usage digne d'une
« bonne épouse et d'une bonne mère.

« Ma fille n'est pas assez avide de biens pour être fâchée
« que je donne à chacun de ses frères quinze cents livres de
« plus qu'à elle, parce qu'étant élevée et établie et ses frères
« ne l'étant pas, il leur est plus nécessaire d'avoir la plus
« grande part à l'héritage paternel, *laissant à ma femme*
« *le soin de compenser cette inégalité de partage entre mes*
« *enfants par celui de la somme dont elle aura à disposer à sa*
« *mort.*

« Je l'établis curatrice de nos deux fils et prie mes deux
« amis, Jacques Odier-Chevrier et Gaspard Delor, de vouloir
« bien être ses conseillers curatelaires.

« Ainsi tout mon avoir, dégagé de créances mauvaises
« s'élevant par le compte que j'en ai fait au moins à 15,800
« livres courantes, il en reste environ 10,000 livres cou-
« rantes qu'il faudra partager entre mes enfants.

« Ma fille en aura 2,333, indépendamment de la petite dot
« que je lui ai donnée, qui ne doit point être comprise dans
« le partage, comme elle ne l'a pas été dans la somme
« totale, et chacun de mes fils en aura 3,833.

« S'il y avait quelque défalcation à faire, elle se ferait dans
« la même proportion, comme aussi si quelques-unes des
« mauvaises créances rapportaient quelque chose à l'hoirie,
« elles seraient distribuées de même.

« Si l'on vend mes meubles, ma bibliothèque, etc., ils
« ajouteront quelque chose à la somme totale de mon avoir,
« je n'ai pas besoin de m'en occuper. Mes bons amis, s'ils

« veulent accepter l'office de conseillers curatelaires feront
« mieux que je ne pourrais le leur indiquer.

« Jean-Pierre BÉRENGER.

« Ce 30 janvier 1798.

« P, S. — Je n'ai pas parlé de mon gendre dans cet écrit ;
« il n'a pas besoin de cela pour être persuadé que j'eus
« toujours pour lui l'affection la plus tendre.

« Si des deux personnes que j'ai nommées ci-dessus, il s'en
« trouvait une trop occupée pour la remplir ou absente, etc.,
« j'oserai prier mon ami Charles-Jean Amat de se joindre à
« eux ou de remplir la place. Il donnera avec plaisir quel-
« ques soins à la famille de celui qu'il affectionnait.

« BÉRENGER.

« 30 janvier 1798. »

A ce testament olographe, j'ai trouvé joint l'annotation
suivante, sur une feuille séparée, qui paraît avoir été écrite
en 1807, et sur le dos de laquelle est porté (de l'écriture du
gendre de Bérenger, Charles *Bourrit*) : *Dernières volontés du
meilleur des hommes, 1807* :

« Mes enfants ont eu trop d'affection pour moi pour que
« j'aie à craindre qu'ils ne suivent pas mes dernières
« volontés.

« Je désire que le petit capital que je laisse demeure
« sous l'administration de ma femme, aidée des conseils de
« mes amis Boin, Delor et Amat. M. Delor pourra être
« curateur ; mes deux fils demeureront avec leur mère.

« Voici les raisons de cet arrangement. Si je rendais à
« ma femme quatre mille livres que j'ai reçues d'elle, son
« augment de deux mille livres et la jouissance de la
« moitié de ce qui me reste, que je puis et dois lui assi-

« gner légalement, l'autre moitié, divisée en trois, serait si
« peu de chose qu'il se dissiperait ou ne remplirait point le
« but qu'on pourrait se proposer. Au lieu que la famille et
« la somme restant réunis, ma femme, au lieu de dissiper,
« accroîtra cette somme par son économie, et après sa mort,
« mes enfants auront une part qui ne sera pas bien considé-
« rable, mais qui pourra les mettre à l'abri du besoin.

« Ma fille seule aurait quelque droit de se plaindre ;
« mais, outre qu'elle se trouve aujourd'hui dans une situation
« assez heureuse, *ma femme l'aime, est équitable et y aura égard,*
« *j'en suis bien sûr,* comme je suis sûr que ma fille et mon
« gendre ne s'en plaindront pas.

« Je désire que mon gendre ait ma bibliothèque, mon
« microscope, mes cartes et mes estampes, tous mes manus-
« crits, et que tout cela lui soit compté pour la valeur de six
« cents livres, dont il recevra le tiers quand on en viendra
« au partage de l'héritage, et par conséquent, ne lui reviendra
« réellement que quatre cents livres ; de plus, je ne veux pas
« qu'on tienne compte du peu que je lui ai livré à son
« mariage en guise de dot. Seulement, je le prie de laisser
« l'usage de la bibliothèque à mes enfants, lors même
« qu'elle sera chez lui, pourvu que mes enfants n'abusent
« pas de cette facilité.

« Ainsi par mon dernier inventaire mon avoir se trouve
« monter à la somme de . . . .   24,136 francs courans
« Si à cette somme on ajoute   de Genève
« la valeur de 12 Encyclopédies
« dont 3 sont actuellement vendues
« pour près de 180 livres. C'est.   700
« La valeur de la Bibiothèque .   600

                        A reporter. . 25,436 francs

Report . . 25,436 francs

« Peut-être l'*Histoire de la Réu-*
« *nion* pourra se vendre un jour ;
« et comme il y en a 1500 exem-
« plaires, qu'après quelques dons à
« faire, il en restera environ 1400,
« qui, à 21 sous l'exemplaires ferait
« 700 francs, mais je les réduits à   400
                                        —————
                                       25,836

« qui est ma fortune, dont la dernière partie n'est pas cer-
« taine.

« J'espère qu'après ma mort ma femme pourra y ajouter
« encore par son excellente économie. Mais en ne la comp-
« tant que ce qu'elle est, chacun de mes enfants aura
« pour sa part 8,612 livres courantes. C'est peu pour qui n'y
« ajoute rien par son travail ; c'est peu pour mon pauvre
« Charles, que j'aurai bien voulu avantager ; mais je n'ai
« pas voulu être injuste envers les autres, et j'ai compté sur
« leur bon cœur et sur leurs sentiments fraternels.

« Si j'avais vécu plus longtemps, j'espérais que ma femme
« et moi aurions laissé à mes enfants à chacun 9,000 livres
« courantes ou 3,000 écus ; peut-être ma femme à l'aide de
« sa bonne économie pourra faire ce que je n'ai pu exécuter.
« Je le désire. »

A cette note, le gendre de Jean-Pierre *Bérenger* a ajouté
six points dont l'exquise délicatesse servira de noble complément aux sages et prudentes volontés de son illustre parent :

                              « Genève, 3 juillet 1807.

« Etant père de six enfants, ignorant si je n'en aurai pas
« davantage, ayant été jusqu'à présent dans l'impossibilité de

« placer aucun argent et ne sachant point si la Divine Provi-
« dence ne me retirera pas de ce monde avant que j'ai pu
« mettre à l'abri du besoin ma chère femme et mes chers
« enfants, je crois leur *devoir* de supplier ici ma bonne
« maman d'observer :

« 1° Que mon bien-aimé père a oublié de parler dans ses
« dernières dispositions d'un compte d'environ 19 louis qu'il
« me devait dès l'année 1799 et qui si l'on ajoutait les inté-
« rêts monterait actuellement à environ 27 louis, et Dieu me
« garde de les réclamer !

« 2° Que si ma femme pouvait jouir de son capital, les
« intérêts le tierceraient au bout de 10 ans, le doubleraient au
« bout de 20 et que, par conséquent, sa possession est un
« avantage dont elle est réellement privée, mais certainement
« sans aucun regret, ni de sa part ni de la mienne, puisque
« c'est notre mère et nos frères qui l'ont appelés à en jouir.

« 3° Que la somme qui a été remise en guise de dot et qui
« devait être de cinquante louis, n'a jamais été que de douze,
« uniquement par l'effet de circonstances fâcheuses.

« 4° Que la bibliothèque que mon beau-père m'assigne
« n'est pas proprement un don, mais une vente à basse
« estimation.

« 5° Que dans son avoir, il a compris l'ouvrage de la *Réu-
« nion*, mais que postérieurement à l'écrit, il m'en a fait la
« donation verbale, dont je ne prétends pourtant pas profiter
« sans en avoir son libre consentement.

« 6° Que dans le testament comme dans les dernières dis-
« positions qui le remplacent, mon excellent beau-père priant
« sa femme (dans les termes lès plus précis et que j'ai pris la
« liberté de souligner), la priant, dis-je, de compenser une
« fois par les dispositions qu'elle pourra prendre l'espèce
« d'inégalité qu'il a cru devoir mettre dans les siennes, j'en

« appelle aussi à l'esprit de justice et d'équité de cette bonne
« mère et à la tendresse qu'elle a de tout temps témoigné à
« ma femme, à mes enfants et à moi-même *pour qu'elle rem-*
« *plisse un jour le dernier vœu de son mari*, sans attendre
« même qu'elle en fût aux derniers instants de sa vie si je
« venais à perdre la mienne.

« Etant seul, je me tairais ; mais j'ai une nombreuse
« famille. Je ne possède rien ; j'ignore si je laisserai quelque
« chose. Puissent donc ma bonne maman et mes bons frères
« me pardonner ces réflexions et croire qu'en tout temps et
« quelles que soient les volontés de mes parents adoptifs, je
« ne cesserai jamais de les respecter et d'être en particulier
« pour mon excellente et bien-aimée mère un fils tendre
« et soumis.

« Charles BOURRIT. »

* * *

Bérenger, qui a tant travaillé pour voir Genève *indépen-*
dante, n'a pu jouir du résultat de ses labeurs.

La mort, à laquelle il s'était dignement préparé, l'enleva
dans sa septantième année, le 23 juin 1807 ; il habitait alors
la rue des Chaudronniers, à Genève, au numéro 291. L'ins-
cription de son décès fut faite à l'Etat civil par les soins de
MM. Gaspard De Lor, propriétaire, et Jean-Joseph Bellamy,
négociant.

Bérenger n'est plus ! Mais son esprit demeure.

Aujourd'hui sont réalisées ses généreuses, ses patriotiques
espérances : Genève est libre ; l'égalité politique la plus rationnelle, la plus complète règne au sein de son peuple ; des
communes rurales de la France et de la Savoie, annexées au
territoire de l'ancienne République jouissent des inestimables

bienfaits de la liberté. Citadins et campagnards comprennent que le bonheur du pays et la prospérité des familles sont étroitement liés à cette égalité, à cette union de tous les les citoyens s'appliquant sans relâche à l'œuvre du développement matériel et intellectuel de toutes les institutions.

Bérenger n'est plus !

Le plus filial et le plus solennel hommage que nous puissions rendre à la mémoire du patriote-historien, nous, Genevois libres, Genevois égaux, c'est de nous pénétrer de cette impression : Bérenger a noblement servi la cause de la liberté, il a bien mérité du pays, et, sur ce sol devenu réellement libre, auquel il fut si inviolablement attaché, son esprit plane et il demeurera toujours pour vivifier dans tous les cœurs genevois, ces sentiments élevés qui font l'homme libre et qui constituent le vrai citoyen.

C. FONTAINE-BORGEL

9 782019 958954